Saggi

SILVIA SCIORILLI BORRELLI

L'età del cambiamento

Come ridiventare un Paese per giovani

SOLFERINO

SOLFERINO

www.solferinolibri.it

ISBN 978-88-282-0957-7
Prima edizione: giugno 2022

Ai miei figli

1
Ribelliamoci?

Di fronte alle immagini delle manifestazioni contro il Green Pass, nel secondo anno della pandemia, non potevo fare a meno di chiedermi come mai nessuno, in questi anni, avesse mai investito le stesse energie e sfogato tanta rabbia scendendo in piazza (in modo pacifico, ovviamente!) per rivendicare il diritto a vivere di lavoro. Non la rivendicazione del diritto di lavorare senza essersi vaccinati contro il Covid, bensì il diritto in sé di lavorare e di farlo in modo dignitoso. L'articolo 36 della Costituzione italiana, che sento citare meno dell'articolo 1 (chissà perché...), recita: «Il lavoratore ha diritto a una retribuzione proporzionata alla quantità e qualità del suo lavoro e in ogni caso sufficiente ad assicurare a sé e alla famiglia un'esistenza libera e dignitosa».

Io faccio parte di una generazione, quella dei Millennial, che non sa neppure cosa sia un salario dignitoso. Non sembra andare meglio per la generazione successiva, la Z, e chissà cosa ne sarà di quella dei miei figli. Sembra che noi «ragazzi» degli anni Ottanta e Novanta dobbiamo ringraziare per i salari molto spesso sproporzionati verso il basso, se non da fame, perché l'alternativa è non avere lavoro.

L'ottantaquattrenne Fedele Confalonieri, braccio destro di Silvio Berlusconi per tutta la vita, nel 2021 durante un'intervista mi disse che il grosso problema dell'Italia era che «la lotta di classe non c'è più, ma la lotta tra generazioni è appena cominciata». Aggiunse: «Perché uno di 20 anni deve aspettare i 30 o i 35 per farsi un po' di strada e io a 84 anni sono ancora presidente di Mediaset?».

Alla domanda di Confalonieri non avevo e non ho risposta, ma continuo a pensare che sia stato fin troppo ottimista nel dire che i ventenni devono aspettare i 30 per farsi strada e mi interrogo sulle ragioni per le quali un problema tanto ovvio, anche per un anziano signore privilegiato, non spinga i diretti interessati a mobilitarsi, ad arrabbiarsi abbastanza da pretendere, ma anche determinare, un vero cambiamento.

Il 34% dei giovani italiani (quando parlo di giovani mi riferisco generalmente a una fascia d'età che comprende i nati tra il 1980 e i primi anni 2000, ma qui i dati si riferiscono agli under 35) è senza lavoro e il 23% non lo cerca neanche. Uno su due vive ancora a casa dei genitori. Un quarto è precario, il 50% ha svolto almeno un lavoro in nero e guadagna 8700 euro l'anno.

Mi sembrano ottimi motivi per essere incazzati.

Eppure, gli unici ragazzi che ho visto scendere in piazza in questi anni, prima delle manifestazioni contro l'alternanza scuola-lavoro, sono quelli che protestano per il clima, l'esercito dei Fridays for Future. E più recentemente ho incontrato qualche coetaneo, ma anche ragazzi più giovani, alle manifestazioni contro il Green Pass. Sostenevano di rivendicare il diritto a uno Stato libero e democratico. Perché non il diritto al lavoro? Quelle stesse persone, e tutti gli altri giovani italiani che in quella piazza non c'erano, quasi certamente non avevano mai manifestato per rivendicare la loro sacrosanta libertà di lavorare e di scegliersi un percorso di vita autonomo da quello delle famiglie d'origine.

Nel 2007, prima della crisi finanziaria che ha cambiato il corso dell'economia mondiale, Tito Boeri e Vincenzo Galasso scrivevano che i Millennial (i nati tra il 1980 e il 1995) «vivono il declino» e «rischiano di essere una generazione di perdenti». Guardando al passaggio tra generazioni come a «una gara di inseguimento a squadre» notavano che l'Italia perde i componenti del gruppo troppo presto e «a ogni giro di pista il distacco aumenta pericolosamente».

Scrivevano: «Chi guarda alla squadra più che ai singoli, chi osserva la performance dell'economia italiana, lo chiama declino. Chi invece si sofferma sui particolari, pensando alla situazione economica della propria famiglia, lo chiama impoverimento. Più che di impoverimento, si tratta di crescenti difficoltà nel pianificare il proprio futuro, del rinvio di scelte importanti come l'acquisto di una casa o anche solo di un'utilitaria. Gli stessi padri che ritengono di vivere meglio dei loro genitori sono ormai convinti che i loro figli sono destinati a vivere peggio, o comunque non meglio, di loro».

Sono passati 15 anni e non è cambiato nulla. Peccato, perché eravamo stati avvertiti. C'erano anche i numeri a parlare: negli anni Novanta l'economia italiana è cresciuta a un tasso molto inferiore delle altre principali economie europee, ma anche della Spagna e dell'Irlanda, mentre aumentavano la disoccupazione giovanile e il divario nella ricchezza delle famiglie.

«C'è stata una sottovalutazione dei giovani» mi dice oggi Boeri, che non sembra particolarmente ottimista sulle prospettive del Piano Nazionale di Ripresa e Resilienza. «In Italia lo si continua a chiamare Recovery Fund, come se fosse un piano esclusivamente finalizzato alla ripresa, mentre nell'idea europea è il piano per le prossime generazioni, non a caso si chiama Next Generation EU.»

L'Italia è la nazione che ne beneficerà maggiormente, con la quota parte più alta: oltre 200 miliardi di euro. Alle prossime generazioni, cioè ai giovani, abbiamo quindi deciso di dedicare il 7,2% del totale delle risorse, secondo un calcolo di Luciano Monti su «Lavoce.info».

Secondo alcuni la crisi dei partiti e, quindi, delle ideologie, unita a un benessere più o meno diffuso tra la popolazione, ha indebolito le strutture e le ragioni che sostenevano e rendevano possibili le proteste. Ma secondo Boeri la protesta dei giovani esiste eccome, solo che anziché in una piazza si è concretizzata in un'emigrazione di massa, la cosiddetta «fuga dei cervelli».

Personalmente, da ex «cervello in fuga», non sono convinta che la decisione di lasciare l'Italia, per motivi di studio o lavoro, sia paragonabile a una protesta. Il più delle volte si tratta, comunque, di una scelta, riservata a chi ha i mezzi, economici e culturali, per farla.

E se è vero che i giovani italiani, spesso, non sono in grado di mantenersi da soli, è anche vero che l'Italia è una nazione in cui il risparmio privato è in continua crescita, il più delle volte – come dimostrano i dati appena citati – si può fare affidamento su lavoretti precari e sulle famiglie d'origine, inclusi i nonni, anche se non sono ricchi, e si resta nella casa dei genitori fino a tarda età. Internet e i social network, secondo questa teoria, avrebbero appiattito la discussione o quantomeno avrebbero spostato la sede dalle piazze alla rete, e tra frustrazione e rassegnazione – e pigrizia – i giovani si sarebbero sdraiati.

È una generalizzazione che non mi convince.

Perché i giovani italiani non scendono più in piazza?

Lasciando per un momento da parte le manifestazioni per il clima e quelle contro il Green Pass, le uniche piazze di questi anni che hanno lasciato un segno nella memoria collettiva italiana sono quelle del «Vaffa» di Beppe Grillo, e quelle più miti, ma politicamente meno dirompenti e incisive, delle Sardine. Eppure, la rabbia sociale, la frustrazione e la delusione verso l'operato della politica sono forti. Recentemente molti giovani sono scesi in piazza contro l'alternanza scuola-lavoro. Condivido la richiesta di maggiori tutele, di più sicurezza, per evitare morti ingiustificabili come quella di Lorenzo Parelli; sono, invece, più perplessa sulla contrarietà di molti all'istituto in sé. È da anni che tanti giovani protestano contro l'apparente inutilità di esperienze lavorative, tendenzialmente brevi, durante la scuola superiore; confortati da quella schiera di adulti che vorrebbero tenere i giovani sotto una campana di vetro, quelli secondo i quali i loro figli dovrebbero studiare sui libri, non fare fotocopie in un ufficio o portare i caffè.

Peccato che uno dei motivi principali della disoccupazione giovanile sia il disallineamento tra domanda e offerta. E cercare di farsi un'idea del mondo del lavoro, della fatica, della gavetta, e magari acquisire competenze trasversali prima, anziché dopo, non è un'idea così bislacca (ne parlerò più avanti in dettaglio).

Ciò su cui dovremmo discutere è come l'alternanza scuola-lavoro viene praticata, o abusata. Di per sé, nelle altre nazioni in cui esiste, come la Germania e la Svizzera, funziona, e nessun giovane né adulto si scandalizza se un ragazzo va a imparare il mestiere di operaio o cameriere.

Mi sorprende che in una nazione dove il lavoro dei giovani, e quindi il loro futuro, è in crisi permanente non si reagisca con un movimento popolare, che trascenda internet e riempia le piazze, come è stato per il #MeToo, i #FridaysforFuture, il #BlackLivesMatter o il #NiUnaMenos.

Ma i giovani italiani non hanno uno slogan.

In questi mesi di scrittura ho girato la domanda (attraverso i social, incontri nelle università, e conferenze) a moltissimi giovani tra i 19 e i 25 anni da Nord a Sud. La risposta che più mi ha fatto riflettere è che le istanze di uno, o di alcuni, non sono quelle di tutti: un operaio chiederà una retribuzione più alta e condizioni di lavoro più sicure; un ingegnere, magari, non avrà alcuna rivendicazione specifica; un laureato di una facoltà umanistica, dopo il decimo tirocinio gratuito, pretenderà di essere pagato; un percettore di reddito di cittadinanza vorrà che il centro per l'impiego lo aiuti a trovare un lavoro ben retribuito non troppo lontano da casa; chi lavora in nero vorrà essere messo in regola, oppure altri – i furbetti – vorranno continuare a percepire i sussidi mentre lavorano in nero, e così via.

La lotta ai cambiamenti climatici, al razzismo, alla

violenza sulle donne, sono battaglie che riguardano categorie precise. Non è un caso che quelle del movimento Lgbtq già vedano maggiori divisioni. Quelle per il lavoro risentono di una frammentazione ancora maggiore che è la gamma potenzialmente infinita delle esperienze di vita. Non è che manca uno slogan, è che effettivamente ne hanno troppi.

Manca, in compenso, una rappresentanza. Sebbene quasi tutti i più giovani si identifichino con la destra o la sinistra, soltanto i militanti di questo o quel partito si riconoscono nell'attuale panorama politico. E come fai a scendere in piazza se non ti identifichi nella figura di un leader – anche il movimento ambientalista ha preso forza coagulandosi attorno a Greta Thunberg – o in un pensiero politico? È solo attraverso l'azione politica che si possono cambiare le leggi, aumentare le tutele, favorire la crescita economica per ridurre il debito pubblico. Se non credi nella politica e nelle istituzioni, nazionali e internazionali, non credi nella possibilità di un cambiamento e quindi anche la protesta diventa un esercizio inutile.

Il 55° rapporto del Censis sulla situazione sociale dell'Italia del 2021 ci dice che il 74,1% dei giovani tra i 18 e i 34 anni ritiene che ci siano troppi anziani al potere in campo economico, politico e nei media. Il 54,3% delle persone in quella fascia d'età (contro il 32,8% della popolazione complessiva) crede che troppe risorse pubbliche vengano spese per gli anziani e poche per i giovani. Il 66%, poi, non si fida del governo, un dato in linea con la media degli altri europei della stessa età.

La sfiducia nella politica non è una peculiarità nostrana, i giovani in tutt'Europa – e a guardar bene anche al di là della Manica e negli Stati Uniti – non si sentono rappresentati, o quantomeno ascoltati. La peculiarità italiana, secondo me, sta nel tasso di disoccupazione giovanile e nel tasso di Neet, i giovani che non studiano, non si formano e non lavorano, che sono, rispettivamente, il secondo e il più alto della zona euro. Questo a fronte del terzo debito pubblico più alto al mondo.

Credo siano ottimi motivi per scendere in piazza, magari, con lo slogan «più lavoro, meno debito». E non occorre avere una rappresentanza politica per farlo, questa dovrebbe essere una battaglia di tutti, che riguarda il futuro dell'Italia, non di un partito.

Generazione Neet

Quasi 3 milioni di giovani tra i 20 e i 34 anni, in Italia, non studiano, non frequentano un corso di formazione e non lavorano, qualcuno non cerca neanche un impiego. È il dato sui Neet più alto d'Europa. Ed è in aumento.

Secondo un rapporto di Anpal, nel 2018 i Neet tra i 15 e i 29 anni erano il 24%, 2.190.000 persone, la metà diplomati. Anche allora era il dato più alto d'Europa, davanti persino a Grecia, Bulgaria e Romania, Paesi che hanno vissuto crisi economiche devastanti e da cui i giovani emigrano in massa. La maggior parte dei Neet, secondo il rapporto, ha tra i 25 e i 29 anni e l'11% ha una laurea.

Anche il rapporto del Censis del 2021 sottolinea che la fetta più significativa di questi giovani è nella fascia d'età superiore (si parla di persone fino a 34 anni). E sarebbe già abbastanza preoccupante, ma lo è persino di più il 38%, tra i 20 e i 24 anni, l'età in cui si dovrebbe completare la formazione e iniziare a cercare un impiego. Il 16% dei Neet ha meno di 20 anni, significa che hanno rinunciato prima ancora di provare.

Non stupirà che nel Sud e nel Mezzogiorno, regioni caratterizzate da tassi di disoccupazione più alti e salari più bassi rispetto al resto d'Italia, i Neet siano il 45% a fronte di un 20% delle regioni del Nord. A Caltanissetta, Crotone e Palermo i Neet sono oltre il 40% dei giovani, a Napoli, Catania e Cosenza il 37%. A Venezia, Treviso, Modena e Belluno, per esempio, sono poco più dell'11%.

Anche questo fa parte della cosiddetta Italia a due velocità.

Due velocità riguardano anche gli uomini e le donne: se i primi sono, in molti casi, in cerca di occupazione, tante donne sono «indisponibili» perché impegnate in ruoli di cura all'interno della famiglia.

Tra tutti i Neet, però, quelli che l'Anpal chiama «i

disimpegnati» sono soltanto il 15%, significa che quelli che hanno smesso di cercare lavoro o di studiare senza alcuna ragione apparente, se non l'essere «scoraggiati», sono una minoranza.

Secondo l'Istituto Toniolo si tratta di una condizione «corrosiva». Si entra in una spirale negativa e si perdono le competenze acquisite. Si sviluppa «demotivazione e frustrazione, si matura una disaffezione per il contesto sociale e per le istituzioni. Ciò porta inevitabilmente a un atteggiamento passivo del giovane che non ha più stimoli né nella ricerca del lavoro né nella formazione (il cui valore aggiunto per l'inserimento lavorativo non c'è o non viene valorizzato). Chi è disoccupato di lungo periodo o scoraggiato (ovvero chi si trova intrappolato nella condizione di Neet) tende, inoltre, maggiormente ad avere un percorso bloccato nelle scelte di transizione all'età adulta, rischiando di invecchiare senza fare passi rilevanti nella realizzazione dei propri progetti, non solo occupazionali ma anche di vita».

Sono problemi che vengono da lontano. Negli anni Settanta gli inattivi erano ancora di più.

Già ai tempi del Trattato di Roma, quello che istituì la Comunità Economica Europea nel 1957, il tasso d'occupazione in Italia era più basso rispetto a quello degli altri 5 Paesi fondatori. Anche quanto a partecipazione delle donne al lavoro il confronto è sempre stato sfavorevole. Per quanto nel corso degli anni la situazione sia migliorata (per poi peggiorare nuovamente durante la crisi finanziaria degli anni Dieci), siamo lontani dai livelli di occupazione femminile delle altre nazioni europee che, nel frattempo, sono diventate 27.

I dati Istat ci dicono anche che la partecipazione al mercato del lavoro, misurata con il tasso di attività, per oltre 20 anni dalla firma del Trattato di Roma, ha avuto un andamento negativo più accentuato in Italia, rispetto alle altre nazioni firmatarie. Si è dovuto aspettare il nuovo millennio per registrare una risalita ai livelli del 1960. Ma se, ancora adesso, confrontiamo il divario di partecipazione tra l'Italia e gli altri 5 Paesi fondatori, c'è da strapparsi i capelli: nel 2016, prima della pandemia, durante un periodo di ripresa economica, era di 10 punti percentuali. Nel 1960 era di 3 punti.

Fino a un certo punto il sistema economico e sociale è stato «drogato» dallo Stato attraverso i generosi prepensionamenti, aumenti di stipendio, assunzioni nel settore pubblico e sussidi alle imprese. Naturalmente il tutto finanziato con un vertiginoso aumento della spesa pubblica, del debito. Ciò ha permesso a molti inattivi di essere mantenuti dai familiari lavoratori o pensionati. Poi è arrivato il 1992 con la firma degli accordi di Maastricht, e il Paese di Bengodi non ha più potuto esistere.

C'è anche un altro aspetto da considerare. Tra il 1977 e il 1998, l'anno in cui viene approvata la legge Treu, seguita dalla legge Biagi, che modificano sostanzialmente il mercato del lavoro, l'economia italiana non ha conosciuto crisi (il prodotto interno lordo è costantemente cresciuto in quel periodo, tranne nel 1993). Eppure, il tasso di occupazione è sempre rimasto tra il 51 e il 54%, livelli più bassi di quelli che poi si registreranno durante la crisi finanziaria del 2008.

Un'analisi dell'agenzia YouTrend del 2013 definisce questo dato «sconcertante». In quegli anni, dice YouTrend, «è evidente come c'è stato da un lato un aumento di produttività (cioè di quantità di prodotto per ora lavorata), ma soprattutto la crescita si è trasferita interamente in rinnovi dei contratti con generosissimi aumenti di stipendio a coloro che già lavoravano, con il settore statale in testa. Solo a partire dal 1998, in seguito alla legge Treu prima e alla legge Biagi dopo, è risultato conveniente assumere nuove persone, con contratti più favorevoli alle imprese, spesso precari, soprattutto immigrati e donne, che quindi contribuiscono alla diminuzione della disoccupazione e dell'inattività».

Discorso diverso vale per il Sud dove la crescita dell'occupazione si è arrestata nel 2002, ben prima della crisi del 2008. Secondo YouTrend le cause sono da attribuire alla ripresa dell'emigrazione interna dei giovani meridionali che, in numeri sempre maggiori, si sono trasferiti al Centro-nord, e alla minore presenza al Sud di immigrati stranieri che, complessivamente, hanno contribuito alla crescita dei livelli di occupazione.

La storia e i numeri ci dicono che finché i decisori politici non sceglieranno di invertire la rotta, iniziando, per esempio, a finanziare pesantemente misure per sostenere i giovani e aiutarli a entrare nel mondo del lavoro (e non parlo, evidentemente, del reddito di cittadinanza), anziché prepensionamenti, aziende pubbliche decotte e inefficienti, inutili bonus e mancette a favore di questa o quella categoria, un cambiamento radicale nelle prospettive per i giovani italiani non sarà possibile.

L'aumento delle disuguaglianze

La Banca Mondiale prevede che, in assenza di interventi adeguati, entro il 2030 oltre mezzo miliardo di persone in più vivrà in povertà, con un reddito inferiore a 5,50 dollari al giorno. Secondo Oxfam le persone che vivono in povertà sono già tra i 200 e i 500 milioni in più rispetto al 2019. Mentre il patrimonio delle 10 persone più ricche al mondo è aumentato di 540 miliardi di dollari nei primi 9 mesi del 2020.

In Italia, un milione di persone è caduto in povertà durante la pandemia. Il rapporto della Caritas su povertà ed esclusione sociale, pubblicato a ottobre 2021, racconta che le famiglie che vivono in povertà sono attualmente 2 milioni, pari a 5,6 milioni di persone, un bruttissimo record. Non occorreva una pandemia per scoprire che le disuguaglianze all'interno della società, a livello globale, sono aumentate a dismisura negli ultimi decenni. Ma l'emergenza sanitaria ha peggiorato il quadro, allargando i divari già esistenti in ambito lavorativo, sociale e di istruzione. Naturalmente, chi ci ha rimesso di più sono i disoccupati, le cui speranze di trovare lavoro si sono ridotte ulteriormente; i giovani precari che hanno perso il lavoro; le madri che hanno dovuto lasciarlo per occuparsi dei figli; gli studenti più svantaggiati per cui la didattica a distanza non era realmente un'opzione praticabile.

L'impatto psicologico

Durante la pandemia, i tentativi di suicidio tra i giovani sono raddoppiati. È aumentata anche la depressione. L'Associazione Italiana Psichiatri stima che dal 2021 in Italia ci siano circa 800mila nuovi depressi. Tra i giovani e i ragazzi il fenomeno è dilagante. Il 64% degli adolescenti che ha risposto a un sondaggio anonimo condotto dalla Onlus Sole Terra a gennaio pensa che senza il Covid la loro vita sarebbe stata molto diversa, il 17% di questi pensa che non valga la pena vivere.

Nello stesso periodo, l'ospedale pediatrico Bambino Gesù di Roma ha fatto sapere che i casi di tentato suicidio o autolesionismo sono aumentati del 30% tra i bambini e gli adolescenti. Un bambino su quattro, secondo Save the Children, ha sviluppato problemi psicologici a causa della pandemia. Un primo fondo da 50 milioni di euro per un bonus di 150 euro una tantum per l'assistenza psicologica non era stato incluso nella legge di bilancio 2021 attirando una pioggia di critiche sul governo.

A gennaio la proposta parlamentare bipartisan, poi ripresa da una petizione su Change.org che in pochi giorni ha raccolto oltre 250mila firme, ha rilanciato il bonus ma anche un altro, progressivo, calcolato in base al reddito. Il governo ha, successivamente, previsto di destinare 20 milioni di euro, tra strutture sanitarie e voucher al supporto psicologico. Non farà la differenza, certo. Chi attraversa un disagio psicologico ha bisogno di molto di più, un'assistenza continua, l'equivalente del medico di base. Ma è un piccolo segnale di ascolto e di disponibilità da parte di chi i fondi per i bonus rubinetti, zanzariere e tv, li ha trovati.

L'Istituto Superiore di Sanità ci dice che «il pericolo che l'attuale crisi sanitaria, con le associate conseguenze economiche e sociali, possa causare anche un aumento dei suicidi è uno scenario molto probabile ma forse non ineluttabile». Nell'analisi dell'Iss: «Il filo che lega tutti i fattori di rischio per il suicidio è l'incertezza e la perdita di speranza per il futuro; ma il suicidio si può prevenire se si riesce a intervenire sulla sofferenza psicologica e a ridare speranza ai soggetti in crisi».

A chi spetta intervenire sulla sofferenza psicologica e ridare speranza ai soggetti in crisi, mi chiedo?

Non è difficile comprendere che i vari lockdown con le restrizioni sociali associate, la perdita del lavoro per molti precari e la didattica a distanza hanno avuto un impatto particolarmente enorme sulla parte più giovane della popolazione: studenti, precari, genitori e bambini. Il futuro che perde la speranza per il futuro.

L'Iss sostiene che le politiche di prevenzione del suicidio non possono essere confinate al solo ambito sanitario ma devono tener conto anche dei potenziali fattori di rischio a livello di contesto sociale, economico e relazionale del soggetto. Credo che lo stesso discorso valga per i disturbi depressivi meno gravi. Ma la questione è sottovalutata da molti decisori, basti ricordare le discussioni, ancora all'inizio del terzo anno della pandemia, sulla didattica a distanza e sul lavoro da remoto (che mi rifiuto di chiamare «smart» perché per come è stato implementato finora, specialmente per coloro che devono gestire anche dei bambini piccoli in casa, trovo abbia ben poco di «smart», cioè di intelligente).

Già prima del Covid, seppure in Italia vi siano complessivamente meno depressi che nel resto d'Europa (il 5,5% contro il 7,1%), la percentuale era in salita tra i disoccupati e inattivi (rispettivamente 8% e 10%). Adesso, dopo oltre 2 anni di pandemia e restrizioni economico-sociali, il peso ulteriore dell'ansia e la tristezza, legate alle tensioni geopolitiche, rischiano di diventare un mix esplosivo per i ragazzi e i giovani adulti e di provocare effetti a catena sulla società che si sentiranno per i decenni a venire.

Se non basta il dato sociale, si consideri anche quello economico: già 10 anni fa, uno studio della London School of Economics aveva calcolato in 434 miliardi di euro il costo a carico delle nazioni europee dei problemi psicologici della popolazione, 15,5 miliardi di euro a nazione (calcolati su 28 nazioni dato che lo studio precede la Brexit).

Una generazione depressa non scenderà mai in piazza a rivendicare i propri diritti, né sarà capace di mettere a fuoco il futuro. Il supporto da parte dello Stato, così come la scuola, la formazione e l'ingresso nel mondo del lavoro sono alcuni dei temi che analizzerò nel corso del libro, anche attraverso proposte concrete, che non vogliono essere una lista di sogni costosi e irrealizzabili ma un'esortazione rivolta sia ai decisori per proporre una strada alternativa sia alle giovani generazioni per fare loro il tanto atteso cambiamento. È più che mai urgente che ciascuno si assuma la propria fetta di responsabilità.

2

Non è un Paese per giovani

Un dirigente di un'importante società italiana, con cui nel tempo ho sviluppato un rapporto di stima e confronto, è solito descrivermi come «la ragazza del "Financial Times"». Come lui, tre quarti delle persone con cui ho rapporti di lavoro mi considerano «una ragazza» il che, per carità, non è assolutamente negativo di per sé. Lo diventa però se la logica conclusione è che «una ragazza» non può essere un'esperta, né avere particolare esperienza o autorevolezza. Nell'inverno del 2021 sono stata invitata da Lando Maria Sileoni, il presidente della Federazione Autonoma dei Bancari Italiani, a partecipare a una delle tavole rotonde al loro congresso nazionale. Sotto il palco c'era un collega, che 10 anni prima era stato anche mio professore di giornalismo e non vedevo da allora, e mi chiese se e per quale testata stessi coprendo l'evento. Gli risposi che, in realtà, partecipavo alla discussione con Sileoni e l'amministratore delegato di UniCredit, Andrea Orcel (che, tra l'altro, in quei giorni ero stata la prima a intervistare: dopo essere diventato capo della banca per quasi un anno non aveva parlato con i media). Sgranò gli occhi in chiaro segno di stupore.

A me, al contrario, stupisce vedere che a ogni conferenza a cui vengo invitata a parlare, a qualsiasi riunione o cena di lavoro, nei talk televisivi, sono sempre la più giovane, come mi viene puntualmente sottolineato. Non sono così giovane. Neanche secondo l'Istat, per il quale la popolazione giovanile è tra i 15 e i 34 anni. Io ne ho 36, 2 figli, un matrimonio, una decina di traslochi e 12 anni di contributi pensionistici (seppure quasi tutti in Gran Bretagna) all'attivo.

La sensazione è comune tra i miei coetanei, sia quelli che hanno già raggiunto una posizione ma a cui spesso non viene riconosciuta la stessa autorevolezza di un collega più anziano; sia quelli che il successo se lo devono ancora costruire. A un certo punto della storia recente, in Italia, si è creato un collo di bottiglia che raramente permette a chi ha meno di 45 anni di raggiungere posizioni di rilievo (non parlo, necessariamente, di quelle apicali) nelle aziende, nell'accademia, nella sanità e anche nel giornalismo.

Stefano Feltri, Agnese Pini e Claudio Cerasa sono le uniche eccezioni evidenti nel mio campo. Tutti e tre hanno raggiunto posizioni apicali poco più che trentenni. Feltri, che nel 2009, a 25 anni, era responsabile della redazione economica de «Il Fatto Quotidiano», descrive la sua esperienza come «controintuitiva».

«Non mi è capitato di non essere preso sul serio perché troppo giovane» sostiene. «A me è andata bene così perché ho avuto delle opportunità e delle responsabilità che mi hanno reso credibile.» Ma aggiunge: «Non è la normalità, e non è la norma per una donna». Racconta di quando faceva lo stagista in una radio, e uno dei capi chiedeva sempre e solo alle colleghe donne di portargli la frutta dalla mensa.

Agnese Pini dice d'altro canto che l'essere donna, forse, nel suo caso è stato un vantaggio perché il suo editore voleva una direttrice. Ma anche Pini, come Feltri, ha iniziato a lavorare molto presto: a 22 anni prima della laurea collaborava già con «La Nazione», a 26 è stata assunta a tempo indeterminato e a 27 era caporedattrice. «Ho sempre avuto le idee chiare e sin da subito ho scelto di far diventare il lavoro la mia priorità» afferma. «Cominciare presto ti aiuta a compiere scelte che quando sei più vecchio sono più difficili... Soprattutto rischiare, poter rischiare a 20 anni ti dà un vantaggio assoluto.»

Anche lei, diventata direttrice di un quotidiano a poco più di 30 anni, racconta di scontrarsi spesso con l'atteggiamento di chi pensa che quel ruolo non se lo meriti fino in fondo. «Non mi offendo, penso faccia parte del genere umano; avere un ruolo di potere, tanto più da giovane è un privilegio e una condanna.»

Neanche io sono solita offendermi. Ma ho scelto di fare rumore. Discuto, cerco il confronto, non evito a tutti costi lo scontro se lo ritengo necessario. So che i capelli biondi e il piglio ironico e informale, a volte, inducono i miei interlocutori in errore. Una volta, dopo una diatriba professionale con un gruppo di persone, uno di loro mi assicurò che avevo «tutta la [sua] simpatia». Ma il punto è proprio questo. Non voglio essere simpatica, come non lo vogliono tutti gli altri «giovani» – uomini e donne – che lavorano e si fanno il mazzo per emergere o per progredire nel proprio percorso. Vogliamo sederci al tavolo, vogliamo essere rispettati e vogliamo avere una voce, e dovremmo pretendere che di questa voce i decisori tengano conto, non solo quando piovono miliardi da Bruxelles, come nel caso del Pnrr, e gli viene imposto.

Ha ragione Feltri, se sei donna è ancor più difficile. Ma sarebbe un errore, da parte mia, limitare il discorso al sessismo (che, per carità, resta imperante).

Pur venendo da una famiglia di sinistra, con un nonno che ha ripudiato le sue origini aristocratiche per unirsi ai partigiani durante la Seconda guerra mondiale ed è stato sindacalista e parlamentare del Partito comunista italiano, e con una madre che negli anni Settanta a Mosca era di casa, sono stata allevata a pane e americanismo. Dall'età di 3 anni ho frequentato una scuola americana a Roma. Gli americani ti insegnano a sgomitare dall'asilo, alimentano la competizione – secondo qualcuno, in alcuni casi, malsana – ti fanno credere che chiunque tu sia, da qualsiasi ambiente sociale o famiglia tu provenga, se vuoi, puoi. Puoi perché se studi, ti impegni, lavori, sbagli e ti rialzi, alla fine te lo sarai meritato.

È tutta qui la differenza rispetto all'Italia.

«Se tu hai la percezione di stare in un sistema competitivo e ce la fai, questo ti rassicura molto» osserva Feltri che a Chicago ha trascorso un anno prima di diventare direttore di «Domani». «In Italia si procede per cooptazione, i giovani sono tenuti ai margini, il potere si acquista molto più avanti nella vita e se sei nella cordata giusta, questo provoca insicurezza» prosegue. «In America è l'estremo opposto, si ha una percezione più nobile di sé, pur con tutti i limiti. Ti trovi a interagire con persone molto più giovani di te e ti rendi conto di che aspettativa hanno sui giovani.»

In Italia, il discorso è completamente invertito. E si parte dal presupposto che tu, in quanto giovane, debba essere riconoscente per quel po' che ti viene dato (che sia un'offerta di lavoro, magari precario, o uno spazio di qualche tipo). E non debba avere troppe pretese.

«I vecchi odiano i giovani intrinsecamente» conclude Feltri.

Un'avversione comprensibile verso chi li costringerebbe a farsi da parte. Il rifiuto di cedere un po' di potere, vero o presunto, acquisito dopo aver fatto, a loro volta, 30 anni di anticamera (che, però, ai loro tempi si faceva, quantomeno, con un contratto a tempo indeterminato e un buono stipendio). Un po' come accade in politica o quando si parla di quote rosa nelle aziende. Il potere non si cede facilmente, pregando il prossimo di accomodarsi.

È inevitabile, osserva Pini, che questo renda il «fare

squadra» difficile tra i giovani: per fare squadra occorre una competizione a cui si possa partecipare in più d'uno. I posti disponibili, invece, sono ben pochi: «Se i giovani in ruoli di rilievo sono pochi, e quei pochi che ci sono devono lottare ogni giorno per dimostrare di esserselo meritato, cosa c'è da spartire, da condividere?» argomenta. «È più facile spartirsi il potere che la sottomissione.»

Come dirò più dettagliatamente in seguito, dare spazio ai giovani non significa che «i vecchi» debbano scomparire. Non ho mai condiviso la retorica di chi ha reso il confronto generazionale fine a sé stesso, meccanico, come se a una certa età si raggiungesse, per forza, la propria data di scadenza. E come se, di contro, l'essere giovani desse automaticamente il diritto di sedere ai tavoli che contano, di dettare l'agenda politica, dell'informazione, oppure di decidere per gli altri.

Parlo di merito e di competenze, invoco una società capace di promuovere il ricambio generazionale in modo sano e naturale, con la necessaria gradualità. Di uno Stato in grado di offrire ai giovani la possibilità di costruirsi un futuro sulle proprie gambe. Che permetta loro di scegliere, di avere successo o anche di essere mediocri. Ma che non li renda, di fatto, mediocri per costrizione. Mettendoli spesso nella condizione di emigrare o di campare sulle spalle delle loro famiglie d'origine o dello Stato stesso. Parlo di una cultura meno paternalistica, ma dove, allo stesso tempo, tramonti definitivamente l'ideologia dell'«uno vale uno».

C'è una generazione di giovani là fuori piena di risorse, di idee, di voglia di fare, di iniziativa, che partecipa attivamente alla democrazia, seppure in modo sparpagliato e attraverso canali diversi rispetto a quelli del passato, rispetto alla politica dei partiti. È una generazione che si indigna, che si informa, che vuole comprendere, che sa anche di non sapere, ma vuole imparare, vuole fare.

Non ha una voce.

E non l'avrà finché il dibattito pubblico sarà dominato dai baby boomer.

Qualche dato...

Secondo i dati pubblicati da Eurostat, l'agenzia statistica europea, gli svedesi lasciano casa dei genitori a 21 anni, così come finlandesi, danesi e lussemburghesi; tedeschi, francesi e inglesi intorno ai 24; gli italiani oltre i 30. Solo maltesi e croati lasciano il nido più tardi.

Anche per questo, in un'audizione al Senato del 2007, il ministro dell'Economia Tommaso Padoa-Schioppa definì i giovani italiani «bamboccioni», una generazione pigra e troppo legata alla famiglia d'origine. I dati ci dicono anche che il 60% non è disposto a trasferirsi altrove per lavorare, contro il 50% della media europea: sono numeri scoraggianti e supportano la narrativa dei bamboccioni.

Ma come sottolineava in un'intervista a «Forbes»

l'economista Francesco Daveri, prematuramente scomparso qualche mese fa, il dato è fortemente influenzato dai giovani settentrionali che «non ritengono di doversi spostare perché il mercato del lavoro a casa loro è positivo». Diversamente, sono sempre di più i giovani del Sud che emigrano al Nord per cercare un futuro migliore. Mentre una ragione diffusa, e comprensibile, per non trasferirsi lontano da casa è considerarla un'opzione troppo costosa o essere convinti di non avere competenze a sufficienza. «Chi non ha una famiglia solida alle spalle fa fatica ad andare altrove per cercare lavoro» osservava Daveri «e senza garanzie, chiedere un prestito in banca è inutile.» La realtà dei giovani di oggi è quindi molto più complessa di quella che ci racconta il solo dato numerico.

L'assenza di competenze ci narra anche un malfunzionamento del raccordo tra formazione e lavoro. Da un lato abbiamo pochi laureati rispetto alla media europea (soltanto il 26,4% dei giovani tra i 25 e i 34 anni contro una media europea del 38,8%). E anche i laureati hanno difficoltà: Eurostat dice che l'Italia è al terzultimo posto in Europa per numero di laureati che a 3 anni dalla laurea hanno trovato un posto di lavoro (58,7%).

Dall'altro, molte imprese fanno fatica a trovare i tecnici specializzati di cui avrebbero disperato bisogno. Insomma, abbiamo pochi laureati, di cui tanti disoccupati, e allo stesso tempo siamo un'economia manifatturiera che non forma tecnici specializzati. La Cna di Padova, all'inizio dell'anno, ha denunciato che le imprese cercavano giovani under 30 per lavori a tempo indeterminato con uno stipendio di 1500 euro mensili. Praticamente un lusso di questi tempi visto che i due terzi dei contratti a tempo determinato riguardano lavoratori sotto i 40 anni. Ma niente.

Se 20 anni fa il 65% dei lavoratori era assunto con un contratto a tempo pieno e indeterminato, nel 2014, quindi prima del Jobs Act del governo Renzi, la percentuale era scesa al 52%. Un andamento simile a quello del mercato del lavoro austriaco e tedesco, mentre la Bulgaria e i Paesi baltici continuavano ad avere tassi di lavoro a tempo indeterminato superiori all'80%. In Ungheria, Romania, Slovacchia e Repubblica Ceca circa il 70% dei lavoratori aveva un posto fisso a tempo pieno.

Fa riflettere che le nazioni con un costo del lavoro basso e un mercato del lavoro, paradossalmente, più flessibile abbiano più assunti a tempo indeterminato. La flessibilità è uno strumento virtuoso nella misura in cui il mercato è dinamico. Inevitabilmente, in Italia, al momento non può esserlo.

Per esperienza so che, rispetto all'Italia, in Gran Bretagna è molto più facile licenziare un lavoratore a tempo indeterminato, che di base è anche molto più «leggero» (per esempio in termini di garanzie, permessi retribuiti, contributi, eccetera), rispetto a un lavoratore a tempo indeterminato nostrano. Anche il cuneo fiscale è più basso. E le aziende assumono.

Non cercano escamotage per evitare di sobbarcarsi

il costo di un lavoratore subordinato a tempo pieno. Il mercato è sicuramente più fluido. Il lavoro si perde e si cambia, o si cambia per scelta. E nel frattempo si possono prendere decisioni importanti, si può pagare un affitto, accendere un mutuo, mettere su famiglia.

Mi chiedo se il nostro concetto di lavoro a tempo indeterminato non sia ancora troppo legato a modelli ormai obsoleti e a un'epoca storica ormai superata. Fino al mio arrivo in Italia, 2 anni fa, non ho mai avuto tanti di quei «privilegi» che i contratti di lavoro italiani prevedono per i lavoratori a tempo indeterminato, i «garantiti». Ma ho sempre avuto un lavoro a tempo indeterminato. Un'azienda che mi pagasse i contributi, le ferie, la malattia, alcuni mesi di maternità (non l'allattamento, i congedi e i permessi). Un bonus sulla base dei risultati, ma non la tredicesima.

Ho perso il lavoro, e l'ho ritrovato. Paradossalmente, il lusso più grande, quello di un mercato del lavoro che funziona, è perdere il lavoro e ritrovarlo. Da giovane e da meno giovani.

Lusso che, in Italia, non esiste.

Le pensioni di oggi e quelle che non avremo

Secondo l'Ocse i giovani che entrano nel mercato del lavoro, oggi in Italia, non vedranno la pensione prima dei 71 anni di età, se sono fortunati. Questo è il Paese in cui la spesa pensionistica, in aumento rispetto agli scorsi decenni, vale il 17% del prodotto interno lordo (nel 1960 era pari al 5%); dove si va in pensione mediamente a 61,8 anni; e dove, in futuro, si avrà l'età pensionabile più alta. Solo in Danimarca, sempre secondo i dati Ocse, i neopensionati saranno più vecchi di noi.

Se poi andiamo a guardare come incidono eventuali periodi di disoccupazione o lavoro nero, e quindi mancata contribuzione, sulla futura pensione di un giovane lavoratore c'è da mettersi le mani nei capelli. E anche per i lavoratori autonomi (quindi le famose partite Iva) il confronto con il lavoro dipendente non è positivo.

Eppure, la discussione non si è mai incentrata su come ridurre questa spesa, o su come compensarla. Si parla, semmai, di come riformare la tanto odiata legge Fornero, approvata in tempi di austerity, per mandare le persone in pensione prima.

I vari slogan di questi anni sono un chiaro segnale che anche molti «giovani» politici, seppure vorrebbero rivolgere la loro offerta a chi ha meno anni di loro, alla fine danno la priorità ai più anziani in quanto numericamente più incisivi, soprattutto nelle urne. Sono in fin dei conti, quasi tutti, troppo concentrati sul presente per avere la lungimiranza di comprendere gli impatti a lungo termine delle loro scelte sbagliate.

Non esistono pasti gratis.

E non si vede per quale ragione una persona che non svolge un lavoro gravoso, o che non si occupa di un familiare anziano, malato o disabile (per i quali ci sono delle previsioni ad hoc) dovrebbe andare in pensione a 60 anni.

A rimetterci finisce per essere sempre la fetta più giovane della popolazione, quella non sindacalizzata, quella che non vota, quella che interessa meno a chi si rivolge agli elettori. Quella che vorrebbe lavorare, anche al posto di chi, invece, vorrebbe andare in pensione, ma non può.

Del resto, un rapporto alto tra debito pubblico e prodotto interno lordo, unitamente a un basso tasso di crescita, causa una maggiore difficoltà nel finanziare la spesa pubblica, quindi anche la scuola, l'università e i servizi di supporto alle famiglie. Si taglia, insomma, su tutte quelle voci che aiuterebbero le giovani generazioni a costruirsi un futuro.

Già prima della pandemia l'Italia aveva un debito pubblico al 134% del Pil, oggi il rapporto si attesta intorno al 150%. Il Pnrr, se utilizzato bene, sarà un veicolo di investimento e di crescita che ci aiuterà ad abbassare il rapporto, ma i rischi legati alle pressioni inflazionistiche, l'esorbitante aumento dei prezzi dell'energia e la carenza di materie prime e manodopera sono dietro l'angolo, le stime di crescita sono già state riviste al ribasso. Chiedere allo Stato di intervenire con scostamenti di bilancio ripetuti, oppure pensare che i soldi europei bastino di per sé a risolvere i problemi strutturali dell'Italia, è sbagliato. Ed è sempre bene ricordare che la maggior parte dei soldi del Pnrr sono a debito.

Il Pnrr e i giovani

Delle sei missioni del Piano Nazionale di Ripresa e Resilienza, in particolar modo due dovrebbero aiutare a migliorare la condizione giovanile nel Paese. Parlo della quarta, «istruzione e ricerca», e della quinta, «inclusione e coesione». La prima missione, «digitalizzazione, innovazione, competitività, cultura c turismo» aiuterà a modernizzare il Paese, a renderlo più competitivo e a colmare alcuni divari geografici. Questo, di riflesso, dovrebbe promuovere la creazione di posti di lavoro e una più attiva partecipazione dei giovani al mercato.

Le nuove generazioni, d'altra parte, sono anche una priorità trasversale, cioè presente in tutte le missioni e le componenti del Pnrr. Per esempio, le stazioni appaltanti devono inserire nei bandi di gara, negli avvisi e negli inviti, clausole specifiche rivolte alla promozione dell'imprenditoria giovanile e all'assunzione di giovani entro i 36 anni. Il 30% delle assunzioni legate all'esecuzione del contratto deve rivolgersi a giovani e donne (un po' poco, credo) e nei bandi di gara potranno essere incluse altre misure premiali per chi ne assume di più. È poi previsto il reclutamento di giovani nella pubblica amministrazione, e in tutti i settori legati al Green Deal europeo.

Sulla carta un'occasione importante per l'Italia: oltre 200 miliardi di euro in 5 anni, di cui all'incirca 70 saranno trasferimenti a fondo perduto, 120 saranno a debito, 13 saranno finanziamenti da React EU, e 30 proverranno da risorse nazionali del fondo complementare.

Sono tanti soldi, ma rappresentano pur sempre meno del 5% della spesa pubblica. Significa, quindi, che possiamo renderla un'opportunità, oppure disperdere un'occasione che difficilmente ricapiterà (nella fase della messa a terra degli investimenti, o ancora prima, attraverso mancate riforme che bloccherebbero l'arrivo delle varie tranche di fondi).

Sono convinta che l'elemento più importante del piano non siano tanto i soldi quanto le riforme strutturali, su cui abbiamo visto la eterogenea maggioranza di governo litigare accesamente in questi mesi.

Dopodiché il piano, se riesce nella messa a terra, e quindi i soldi vengono spesi bene, contribuirà a colmare i divari tra Nord e Sud del Paese, a digitalizzare l'intero territorio nazionale, a migliorarne le infrastrutture e anche a diminuire la disoccupazione giovanile e a supportare, almeno in parte, le famiglie. Una buona cosa, sulla carta. Anche se i più pessimisti, come gli economisti dell'Istituto Bruno Leoni, sostengono che finiranno soltanto per alimentare altra spesa pubblica improduttiva: «Con l'esperienza italiana alle spalle, l'idea che basti spendere di più per crescere di più pare poggiare su assunzioni traballanti – scrivono gli economisti del Bruno Leoni – Per intenderci non è detto che tutti i soldi saranno spesi, né che gli investimenti previsti siano tutti effettivamente utili ad alzare il potenziale di crescita del Pil nel lungo termine».

Io credo che il successo del piano dipenda in larga parte dal coinvolgimento delle giovani generazioni, e dal modo in cui fin da subito, già dalla campagna elettorale per eleggere il prossimo parlamento, che inizierà nei prossimi mesi, i decisori politici saranno chiamati a risponderne. Non deve essere uno di quei progetti che verrà giudicato dai posteri, sarebbe troppo facile lo scaricabarile, bensì passo dopo passo.

Ma, per adesso, non sembra esserci un vero coinvolgimento di giovani e ragazzi. Tutt'altro: i dati ci dicono che in molti casi gli studenti delle scuole medie superiori di questo argomento sanno poco o niente. Un piano pensato per le prossime generazioni, di cui le prossime generazioni non sanno nulla.

Alcuni analisti hanno, però, fatto notare che senza una campagna di informazione e sensibilizzazione mirata è difficile creare interesse, e che questa campagna nei confronti dei giovani italiani non c'è stata.

In effetti, sebbene alcuni new media come Will e Torcha si siano molto impegnati a spiegare i contenuti e le potenzialità del piano, e tutti i media tradizionali ne parlino ripetutamente, anche mettendo in guardia dai rischi delle mancate riforme, non è sul Pnrr che la politica in questi mesi ha concentrato le proprie battaglie. Al contrario, il piano rischia di aprire nuovi fronti di scontro (mentre scrivo impazza la polemica sulla riforma del catasto e sulle concessioni balneari, come si spiega questo ai ragazzi nel contesto del piano europeo che ha come obiettivo dichiarato quello di offrirgli un futuro migliore?).

Non è sui contenuti del piano che si sono costruiti gli slogan. Siamo tutti d'accordo che sia importante ricevere i soldi e spenderli bene, per migliorare i problemi storici del Paese. Qualcuno dice che cambierà il futuro delle nuove generazioni; qualcuno dice che non ci sono fondi a sufficienza su voci come gli asili, l'imprenditoria giovanile, il lavoro. Ma, difficilmente, si entra nel dettaglio per spiegare agli interessati quali sono le voci che più li riguardano e quindi su cui possono fare pressione, su cui devono chiedere ai decisori di rispondere delle loro promesse.

L'informazione crea domanda di informazione, di aggiornamento, crea aspettativa. Stimola gli stakeholder a pretendere risposte, come quando, per esempio, nelle aziende quotate gli investitori cosiddetti «attivisti» fanno pressione sul management affinché modifichi le strategie e faccia scelte più in linea con le loro richieste, tenendo conto dei loro punti di vista e delle *best practice*. Il problema, però, è che gli investitori nelle aziende hanno il potere dei soldi. Fare pressione, fare rumore, è possibile solo a partire da una disponibilità di potere economico o di pressione politica. I giovani di oggi non hanno il potere economico, ma, come altre generazioni di giovani prima di loro, avrebbero il potere di demandare risposte alla politica.

3
Il problema della politica italiana non sono i vecchi

Alla fine di gennaio 2022, tra venti di guerra ai confini dell'Europa e aria di ritardo sulle riforme legate ai progetti del Piano Nazionale di Ripresa e Resilienza, la politica si è incartata sull'elezione del presidente della Repubblica. Il problema, per molti parlamentari, non era tanto come salvare la legislatura per non perdere i fondi europei e per non farsi trovare nel bel mezzo di una crisi di governo quando sarebbe scoppiata una guerra a poche centinaia di chilometri dai nostri confini (eventualità a cui nessuno, fino all'ultimo, ha davvero creduto). Il vero cruccio era come salvare la legislatura per non perdere la propria pensione.

Ricordo lo sbigottimento generale del pubblico durante quei giorni, tra cronisti accampati attorno a un parlamento blindato, i selfie dei politici con i curiosi assiepati su via della Missione e gli incontri frenetici, che nei primi parecchi giorni non portarono i frutti sperati. L'ilarità di alcuni, durante le pause, dentro ai palazzi; la perplessità, fuori, di tutti coloro che erano lì per raccontare e non capivano come fosse stato possibile arrivare a quell'appuntamento, fissato 7 anni prima, così impreparati.

Del resto, l'impreparazione è stata un po' il *leitmotiv* di questa legislatura. La convinzione di molti era che ciò che aveva portato l'Italia, e la politica italiana, a un generale impoverimento, verso una deriva morale e di contenuti, fosse stata la cosiddetta «casta», i vecchi partiti e i vecchi parlamentari che, legislatura dopo legislatura, avevano dominato il parlamento arroccandosi sui propri privilegi.

Se ne erano convinti anche gli elettori. Con il voto del 2018 gli italiani hanno mandato un segnale forte e chiaro ai partiti tradizionali, quasi uno su tre ha scelto il movimento che rappresentava l'antipolitica, che prometteva di «aprire il parlamento come una scatoletta di tonno» e abolire la casta, tagliando pensioni d'oro, vitalizi e anche il numero dei parlamentari.

Secondo un'analisi di YouTrend, se alle ultime elezioni nazionali avessero votato soltanto i giovani tra i 18 e i 24 anni, alla Camera dei Deputati, il Movimento 5 Stelle non sarebbe stato solo il primo partito, ma avrebbe avuto gli stessi consensi di Pd, Lega e Forza Italia sommati: con quasi il 38% delle preferenze.

Il successo dei partiti antisistema, tra gli elettori più giovani, sembra essere stata una costante.

I risultati del 2018 non sono stati dissimili da quelli del 2013. Già allora il Movimento 5 Stelle aveva ottenuto una fortissima preferenza tra i più giovani (oltre il 40%). All'epoca un certo gradimento era stato da loro riservato ai partiti della sinistra radicale così come anche a Fare per Fermare il Declino, la formazione liberale di Oscar Giannino.

Il metodo di analisi utilizzato da YouTrend non è scientifico, ma lo scorso decennio è stato quello della crisi economica, dell'austerity, dell'aumento della disoccupazione giovanile, della crisi dei partiti tradizionali e dell'impoverimento del ceto medio. I risultati elettorali testimoniano, anche tra i giovani, una difficoltà per i partiti tradizionali e contemporaneamente esiti più incoraggianti per partiti nuovi e alternativi allo status quo. Soprattutto per un movimento nato dalla rete che prometteva di portare, finalmente, il tanto agognato ricambio generazionale anche in politica.

Quasi 10 anni dopo, a gennaio, proprio quel movimento, per evitare le urne (e, quindi, la perdita non soltanto del seggio e dello stipendio, ma anche della pensione che matureranno soltanto a settembre), ha scelto di ri-eleggere Sergio Mattarella, il presidente per il quale pochi anni prima chiedevano l'impeachment.

I giovani parlamentari e i novizi della politica hanno dimostrato un'assenza totale di capacità strategica e una distanza siderale dai cittadini. Si rischia una guerra alle porte dell'Europa, crescono i prezzi dell'energia, gli italiani vogliono rassicurazioni sul lavoro, ricordavano molti politici nei vari talk show televisivi la sera dell'elezione del capo dello Stato. Tutti problemi che c'erano anche la settimana prima quando votavano scheda bianca e bruciavano nomi importanti, ricordai durante la trasmissione *Porta a Porta*.

Problemi di cui nessuno, all'interno della coalizione di governo, si è preoccupato prima di arrivare a questo appuntamento con la storia senza uno straccio di accordo, di proposta, di voglia di rischiare.

Tra lo scollamento dal Paese reale e la mancanza di leadership, il parlamento si è appoggiato ancora una volta sull'ottantenne Sergio Mattarella per assicurare, di fatto, la stabilità del governo di unità nazionale guidato dal settantaquattrenne Draghi. E l'Italia ha potuto, in fondo, tirare un seppur breve sospiro di sollievo.

Il mantenimento di quello status quo che per anni, anche da dentro il parlamento, si è provato a distruggere, si è rivelato l'opzione migliore che avevamo a nostra disposizione. E non soltanto perché di lì a poco sarebbe scoppiata la guerra in Ucraina la cui portata, in quel momento, non era possibile prevedere. Qualsiasi altra soluzione apriva al rischio, molto concreto, di una crisi di governo al buio.

La terza in meno di 3 anni.

Uno dei mali dell'Italia è stata da sempre l'instabilità politica che, da un lato, non ha permesso ad alcun governo di completare il suo programma elettorale (o quantomeno gli ha fornito l'alibi) e dall'altro ha sempre, inevitabilmente, spostato l'attenzione dei politici sul risultato elettorale di breve termine, anziché su quelle riforme e quei cambiamenti che richiedono anni per essere compiuti e apprezzati. Peraltro, la continuazione della legislatura non significa anche ottenere, automaticamente, la rassicurazione che le riforme poste come obiettivo dal governo di unità nazionale verranno portate a termine.

Mi includo tra gli italiani ormai sfiduciati nei confronti dei politici. Le discussioni di questi mesi sulle rendite catastali e sulle concessioni balneari, tra le altre cose, hanno contribuito ad accrescere tale sfiducia.

Nel 2021 soltanto il 34% degli italiani esprimeva fiducia nel parlamento, un dato poco incoraggiante, eppure il più alto dell'ultimo decennio. L'anno prima, all'apice della pandemia, scriveva Giorgio Merlo, cattolico, dirigente nazionale del movimento giovanile della Democrazia Cristiana, parlamentare dell'Ulivo e del Partito Democratico per quattro legislature: «Siamo a un bivio: o si riesce a costruire, in poco tempo, una stagione politica che sia in grado di garantire il buon governo attraverso una riconosciuta competenza e autorevolezza, oppure si corre il serio rischio di precipitare in un vicolo cieco dove nessuno sa come se ne possa poi uscire.

Certo, non sarà un'operazione semplice né facile perché la prima forza di governo, i 5 Stelle, sono andati al potere esaltando proprio una serie di tasselli che sono sostanzialmente incompatibili con una politica di buon governo: e cioè, l'improvvisazione, l'inesperienza, la cesura rispetto a tutto ciò che è riconducibile al passato, la ridicolizzazione delle tradizionali culture politiche e, soprattutto, la delegittimazione totale dell'esperienza e del magistero politico e istituzionale della classe dirigente di chi li ha preceduti.

Un sentimento, appunto – ripetutamente urlato e ricordato – che porta dritti all'antipolitica, all'antiparlamentarismo scambiato con l'anticasta, al rinnegamento della professionalità e del professionismo della politica e dei politici. Salvo poi, come la concreta esperienza dimostra, coltivare un solido attaccamento al potere».

Sono passati 2 anni, è cambiato il governo, alla guida c'è – proprio all'opposto delle aspirazioni iniziali – l'incarnazione dell'élite di questa nazione, siamo i destinatari di oltre 200 miliardi di euro da parte dell'Unione Europea, ma gli interrogativi più profondi e preoccupanti sulla classe politica, e sulla stagione che ci aspetta, restano più attuali che mai.

Uno non vale uno: l'importanza delle competenze in politica

I fatti di questa legislatura dimostrano che il problema della politica italiana non erano i vecchi e la soluzione non erano i giovani semplicemente in quanto tali. Sono stati gli eventi a decretare il fallimento definitivo di quella che già in tempi non sospetti, per alcuni, inclusa me, era un'ideologia non solo non condivisibile ma anche pericolosa, se portata all'estremo: quella dell'«uno vale uno».

Il sociologo della comunicazione Massimiliano Panarari, autore del saggio *Uno non vale uno*, sostiene che, come nella *Fattoria degli animali* di Orwell, all'interno dei movimenti e dei partiti neopopulisti esiste comunque un centro di potere, una gerarchia non dichiarata, una filiera di comando che prende le decisioni. Ma l'illusione di un'apparente interazione diretta tra i cittadini e i loro rappresentanti in parlamento, data dalla piattaforma Rousseau per quanto riguarda il Movimento 5 Stelle, e dall'utilizzo dei social network fatto da diversi leader populisti, ha creato negli elettori un'idea di controllo, di ascolto delle loro istanze e di canalizzazione della loro rabbia.

Secondo Panarari è «la punta finale del situazionismo» e si assiste alla realizzazione in chiave nostalgica delle premesse della tv anni Ottanta, quella che inglobava il pubblico secondo un copione ben strutturato. «Quella dimensione ottimistica dell'autorealizzazione degli individui – osserva il sociologo – porta oggi a un contesto di totale individualizzazione con le premesse che sono venute a mancare, per cui rimane solo rabbia, rancore, l'impossibilità di realizzarsi e la possibilità di comunicare e di auto comunicare.»

Per le giovani generazioni, nate insieme alla rete, il rischio di finire risucchiate da queste nuove forme di interazione politica e da questi metodi di comunicazione è quasi scontato. Del resto, anche l'atteggiamento protestatario dei giovani si è trasferito dalle piazze alla rete.

Non significa, però, che la classe politica si debba arrendere a un'eccessiva semplificazione, che i contenuti debbano cedere il passo agli slogan (a cui, per carità, i giovani sono i primi ad affezionarsi). O che dobbiamo, improvvisamente, rivendicare un'uguaglianza non soltanto di diritti (sacrosanta!), ma anche di capacità e competenze.

In una riflessione sul tema dell'«uno vale uno» pubblicata su «Il Fatto Quotidiano», un paio di anni fa, Fabio Manenti, classe 1987, giornalista e portavoce del sindaco di Ragusa, ha usato una metafora che mi ha colpita: «Il pane lo compriamo da chi segue passo passo l'antica ricetta tradizionale, ma per le decisioni sul futuro della nazione: prego, rivolgersi a chi fino a pochi mesi fa faceva tutt'altro».

Manenti argomenta: «In un mondo ideale, dove tutti hanno pari conoscenze e capacità in ogni campo, "uno vale uno" è un principio meraviglioso. Ma non è così: abbiamo gli stessi diritti e gli stessi doveri – vivaddio! – ma questo non significa che abbiamo anche la stessa altezza, lo stesso colore degli occhi, gli stessi talenti, la stessa esperienza e le stesse capacità. Affinché una società funzioni, bisogna mettere gli ingranaggi giusti al posto giusto, altrimenti "uno vale uno" decade in "uno qualsiasi vale uno".

Ecco che oggi quest'uno qualsiasi pensa di saperne più di un medico a proposito di vaccini, più di un geologo sulla vera magnitudo dei terremoti, più del sindaco di Amatrice su come si stia [nella terremotata cittadina di] Amatrice. "So di non sapere" diventa "so di sapere tutto", fino all'assurda pretesa – e qui vi faccio arrabbiare – di andare in parlamento non per *cursus honorum* – per aver quindi assimilato competenze ed esperienze compatibili col governare – ma per aver parlato di sé su YouTube, raggranellando una manciata di voti online attraverso una piattaforma privata».

Condivido ogni parola. Credo che tutti noi giovani o pseudo tali (come noi Millennial degli anni Ottanta) condividiamo l'urgenza di rinnovare la classe dirigente del Paese. Ma è altrettanto urgente interrogarsi sui principi che in questi anni hanno alimentato la richiesta di rinnovamento.

Del resto, se fosse vero che «uno vale uno», allora tutti sarebbero intercambiabili, sostituibili. E per quanto nella pericolosa ideologia tecnopopulista questo rafforzerebbe chi sta dietro le quinte di quel processo politico, i fatti ci dicono che non è così. O meglio, sono tutti intercambiabili e sostituibili gli incompetenti eterodiretti che siedono in parlamento per eseguire ordini altrui.

Gli altri no.

I prossimi 20 anni, non la prossima campagna elettorale

Nella narrazione di questi 2 anni passati, il Piano Nazionale di Ripresa e Resilienza è l'ultima possibilità che ha l'Italia per uscire dalla stagnazione economica degli scorsi decenni, per tornare a crescere. Ma il rischio più grande, a detta di molti, è concentrarsi sullo spendere i soldi piuttosto che sul «come» spenderli, e quindi sulle riforme legate agli investimenti.

«Stiamo parlando di 209 miliardi in 5 anni, una cifra marginale rispetto al bilancio dello Stato italiano... la cosa importante non sarà tanto averli spesi, quanto aver fatto le riforme» dice Bernardo Mattarella, amministratore delegato del Mediocredito Centrale, attualmente in lizza per diventare il nuovo capo di Invitalia, l'agenzia pubblica per gli investimenti. «Se la pubblica amministrazione, il fisco, la giustizia non cambieranno, non avremo colto la vera potenzialità di questo piano, che è quello di consentirci di avere, finalmente, dei meccanismi riformati che ci consentano di fare.»

Forse abbiamo riposto troppe aspettative in questo piano, anche chi, come me, si limita a raccontarlo. La maggior parte dei fondi sono a debito, elemento che preoccupa sia i partner europei che le giovani generazioni, visti i precedenti italiani. E le riforme strutturali sono fortemente impopolari, e sono le stesse che, legislatura dopo legislatura, vengono riproposte, con scarso successo e con convinzione quantomeno vacillante da parte dei governi stessi che le propongono.

«È una questione di *accountability* e fiducia. Non è soltanto un problema politico ma anche di tecnostruttura» sostiene Mattarella, che incontro per quest'intervista poco dopo la rielezione di suo zio a capo dello Stato. «Il tema politico è invece quello di guardare oltre la propria scadenza elettorale, limite che questo governo non ha perché non si pone nell'ottica del suo rinnovo» aggiunge.

Il presidente del consiglio forse no, ma i suoi ministri sì, e con le elezioni amministrative alle porte, la fine della legislatura entro un anno, e le riforme strutturali, le difficoltà sono iniziate da tempo. «È vero, ma il manico è importante – risponde tranchant Mattarella – Questo tipo di presidente del consiglio, in assenza di un interesse elettorale specifico, è l'unico in grado di non buttare via del tempo prezioso.»

Sarà. Ma il passaggio è senza dubbio difficoltoso e per quanto in questi mesi la politica nazionale abbia ceduto il passo agli eventi geopolitici internazionali, le divisioni interne alla maggioranza di governo si fanno sentire. E da parte dei giovani non sembra esserci stato un aumento di fiducia verso il futuro né verso le istituzioni nonostante il Pnrr.

«Il rischio del futuro è che i giovani continueranno a guardare fuori dall'Italia e che nessuno si impegnerà per mettersi a disposizione» sostiene Mattarella.

«Per questo non bisogna perdere occasione di mostrare che i meccanismi dello Stato sono riformabili. Serve qualcuno che faccia presente che una presa di responsabilità c'è, che un clima di fiducia si può costruire. Si deve bloccare il circolo vizioso e far partire una spirale virtuosa di meccanismi pubblici e istituzionali che si tengono.»

Secondo Mattarella, gli investimenti pubblici legati al Pnrr potranno rappresentare quella spirale virtuosa. «Sono soldi trasparenti e sono occasioni di lavoro: il Next Generation EU nasce con l'idea del moltiplicatore di investimenti privati e bisogna fare in modo che questo attragga i giovani, che crei opportunità per loro.»

I decisori devono convincere i giovani a crederci e a essere coinvolti.

«Il passaggio generazionale fatto bene presuppone formazione a partire dalla scuola e creazione di competenze – osserva Mattarella – non è che essere giovane sia di per sé un bene...»

Specialmente se, poi, quando c'è un problema, devi andare a richiamare i più anziani e competenti, aggiungo.

«Certo, non è detto che un trentenne debba per forza pretendere di fare il presidente del consiglio o l'amministratore delegato di una grande azienda» concorda. Ed ecco che torniamo al discorso delle competenze e della meritocrazia. Della gavetta e della formazione. Che, in politica, rischiano di diventare merce sempre più rara.

«Sicuramente la creazione di una consapevolezza sociale e istituzionale nel personale politico così come si faceva una volta, con i centri studi e le scuole politiche dei partiti, sarebbe importante» osserva Mattarella. «Ma oggi si tende a inseguire gli umori della gente per generare consenso.» Ma consenso non significa governare, anzi, ed ecco che si è costretti a ricorrere ai malvisti tecnici. «Non sono sicuro che esista in natura un governo tecnico» ribatte Mattarella. «Ogni scelta del governo, anche se composto da tecnici, è una scelta politica.»

In fondo, anche il governo di unità nazionale sta compiendo scelte politiche. Lo ha fatto sulla concorrenza e sulla giustizia, ma lo ha fatto in modo ancor più evidente nei delicati passaggi dei primi mesi del 2022, tra la fine dello stato d'emergenza, la guerra in Ucraina e il conseguente aumento del prezzo dell'energia.

Secondo Mattarella «è un governo oggettivamente complicato da tenere in piedi. Ma la necessità di non fare brutte figure per chi guida l'Italia è fondamentale».

4
Generazione Greta

Durante le settimane delle manifestazioni studentesche seguite alla morte di Lorenzo Parelli, il diciottenne rimasto ucciso in un incidente in fabbrica mentre era impegnato nell'alternanza scuola-lavoro, lo scrittore Nicola Lagioia ha osservato su «La Stampa»: «In Italia scende in piazza una generazione di ragazzi responsabili, seri, appassionati, lungimiranti, costretti a confrontarsi con una legione di adulti spesso caotici, impreparati, tronfi, arroganti, annegati in un narcisismo piuttosto disperato».

Tendo a essere d'accordo. Le cariche della polizia in quei giorni mi hanno ricordato altri tempi, di cui ho soltanto sentito raccontare. E forse ho pensato che, dopo decenni, ci fosse stato un risveglio delle coscienze, finalmente qualcuno che provava a intavolare una discussione sul futuro, della scuola, del mondo del lavoro, dell'ambiente. Argomenti, ormai, molto più sentiti tra i giovani rispetto agli adulti.

«Non è un caso che l'icona del movimento [per l'ambiente] sia una diciannovenne, Greta Thunberg» ha scritto Lagioia «le conseguenze del Covid non sono niente rispetto a ciò che potrebbe succedere nei prossimi anni a causa del cambiamento climatico. A lungo gli adulti hanno rincorso le prossime elezioni pur di non occuparsi delle prossime generazioni.»

Abbiamo visto migliaia di giovani scendere in piazza a difesa dell'ambiente nel corso di questi ultimi anni. Ragazzi seriamente preoccupati per i destini del pianeta per i quali gli anziani decisori dovranno trovare soluzioni sostenibili da un punto di vista non solo ambientale, ma anche economico.

Ci sono state, poi, le occupazioni in oltre 50 scuole in tutta Italia, e i ragazzi che sono scesi in piazza per chiedere sicurezza sul lavoro e in classe. Secondo Cittadinanzattiva, ogni 3 giorni avviene un crollo all'interno degli edifici scolastici. Hanno chiesto anche una didattica digitale che non sia semplicemente la traslazione online della lezione frontale. E poi un ampliamento delle attività pomeridiane a scuola.

Questi stessi ragazzi si battono per i diritti civili e l'uguaglianza di genere. Li abbiamo visti alle manifestazioni per il Ddl Zan. E più recentemente abbiamo visto, soprattutto sui social, con quale interesse e coinvolgimento abbiano seguito la guerra in Ucraina. È una generazione molto politica, ma lontana dalla politica. La cui passione civica non si traduce, il più delle volte, in una vera e propria militanza. Sono generazioni, la Z come anche i Millennial, più concentrate sulle singole tematiche economiche, sociali e ambientali: spesso non si trovano riflesse nell'offerta politica attuale, o magari sì, ma in modo sparso.

Il Rapporto 2020 dell'Istat ci dice che soltanto l'8% delle persone partecipa direttamente alla politica, per esempio prendendo parte a cortei e manifestazioni, ma tra i giovani la percentuale sale al 14%. Di contro, però, la maggior parte dei giovani tra i 18 e i 34 anni non votano. In molti casi sembra esserci una rassegnazione di fondo, la convinzione che, in ogni caso, la politica non si farebbe carico delle loro istanze.

Intervisto Luca Biserna, uno studente bolognese di 25 anni, che mi dice: «La gente è disillusa dalla politica, dalla gestione dell'interesse pubblico, si è persa la partecipazione e un senso di appartenenza. Non c'è più qualcuno che riesca a racchiudere sotto lo stesso cappello varie istanze, magari diverse tra di loro, che però abbiano in comune un obiettivo generale».

Klesi Balliu, anche lei studentessa venticinquenne, parla di un «Paese cristallizzato sotto molti punti di vista» dove si fa prima a emigrare che provare a cambiare le cose. «Avverto una sfiducia nelle istituzioni, i giovani credono nella politica ma non nei politici. Dove vogliamo andare noi, quattro gatti, con idee frammentate e non condivise, per cambiare strutture che rappresentano, ormai, lo status quo?»

Di tanti ragazzi incontrati in questi mesi di ricerche

per questo libro, mi ha colpito l'impegno nello studio, la passione sociale, la responsabilità verso la collettività, mostrata anche durante il lockdown e a fronte delle varie restrizioni legate al Covid, e al contempo il disinteresse – sia pure con qualche eccezione –, a volte vera e propria ignoranza, verso l'attualità politica e i partiti.

Klesi e la sua amica Ilenia Ceci erano nel pubblico a una conferenza sull'Europa a cui partecipai come relatrice alla fine dello scorso anno. Si alzarono e fecero una domanda polemica sul perché la Commissione europea o il Parlamento europeo, non prendessero provvedimenti concreti per mettere fine alla pratica diffusa degli stage gratuiti, considerando che in alcuni casi è proprio Bruxelles a sovvenzionare l'ente o l'azienda che si avvale di lavoro giovanile non remunerato. Naturalmente nessuno di noi fu in grado di rispondere. C'è passione e fervore in questa generazione, ma anche la disillusione di chi si rende conto di non essere ascoltato. Sarà per questo che i giovani sono poco coinvolti nel dibattito politico, o sarà perché non sono coinvolti che non sono interessati?

Lo chiedo a due co-founder di Officine Italia, un'associazione di studenti e giovani professionisti sotto i 30 anni che a maggio 2020 hanno deciso di mettersi insieme per cercare di cambiare la traiettoria di declino del Paese fungendo da «facilitatori», facendo da ponte tra le idee dei giovani, che non riescono ad arrivare in modo strutturato ai decisori, e i decisori stessi, aziende e istituzioni. Insieme con Visionary Days, Officine è stata tra i promotori della campagna Uno non basta alla fine del 2020 per chiedere che venissero dedicati ai giovani e alle politiche del lavoro più fondi del Pnrr (secondo le stime di «Lavoce.info» alla fine i giovani hanno complessivamente ottenuto il 7,2%).

I risultati del loro «attivismo», finora, non sono stati del tutto soddisfacenti, dicono Giulia Di Donato e Giulia Cosenza, 28 e 27 anni, che per spiegarmi le operazioni cosmetiche messe in atto dai decisori usano il termine *youngwashing*, traslazione del cosiddetto *greenwashing* che si usa quando le aziende parlano di sostenibilità e annunciano pubblicamente nuove strategie ambientali come mera operazione di marketing. Le istituzioni italiane a loro parere hanno perlopiù fatto lo stesso, anche se la Regione Lombardia li ha chiamati per aiutarli a definire le politiche giovanili all'interno della legge quadro regionale e l'associazione sta puntando sull'istituzione di un forum consultivo permanente in cui poter proporre politiche concrete.

«C'è una mancanza di visione di lungo periodo» afferma Cosenza «la politica è più concentrata sulle politiche di breve termine, sia perché sono più appetitose sia perché l'Italia ha vissuto una lunga crisi.» E aggiunge: «La mancanza di visione è il *fil rouge* che sembra teorico, ma non lo è... se investi sul giorno dopo e non sul giovane, il giovane va all'estero, oppure si disinteressa al dibattito pubblico».

Le fa eco Di Donato: «I giovani non sono recepiti come un argomento urgente, non è attrattivo, non è un tema che la maggior parte dell'elettorato può recepire [...] E quando noi parliamo di traiettoria in declino e di inversione di rotta, come si fa a invertirla se la direzione attuale non viene percepita come un problema urgente... Non ci ascoltano, non ci fanno parlare, eppure noi sentiamo un'urgenza soffocante!».

Officine è un'associazione apartitica ma è molto politica. Mette sul tavolo temi concreti, vuole dare voce alle proposte, discute di politiche ambientali, sociali e di welfare e pone domande, come ha fatto in occasione della Cop26 di Glasgow lo scorso novembre stilando insieme a Vodafone e al Politecnico di Milano una lista di domande urgenti trasmesse in quel consesso al ministro della Transizione Ecologica Cingolani.

Colpisce, però, la convinzione con cui Di Donato e Cosenza dicono che né loro né gli altri membri dell'associazione prenderebbero in considerazione l'ipotesi di aderire a un partito. «I partiti prima erano nelle piazze, negli oratori, ora dove sono?» si chiede Di Donato. «Manca un contenitore per le idee: la voglia di cambiare le cose c'è ma queste energie vengono neutralizzate perché non ci sono più i collettori di una volta, il sistema dei partiti si è sgretolato, destrutturato, le idee sono sparse quindi sono deboli e non possono avere alcun impatto.»

È così che spiegano anche l'astensionismo tra i giovani. La politica non riesce a intercettare il disagio giovanile. «I giovani vorrebbero essere in un Paese dove possono almeno visualizzare il loro futuro. Io se chiudo gli occhi non riesco a vedere niente» dice Cosenza.

Il problema è tutto in quest'ultima lapidaria affermazione di una ragazza di 27 anni.

Generazione smartphone

A sentire parlare i giovani penso che, più che il voto ai sedicenni, sia urgente fare i conti con tutti quei giovani che pur avendo diritto di voto non lo esprimono. In ogni caso, a voler parlare del voto ai sedicenni, vale la pena riflettere sui risultati di un sondaggio condotto da ScuolaZoo tra 72.000 ragazzi e ragazze l'anno scorso. Il 79% si è espresso in senso contrario alla proposta e l'81% crede che gli under 18 non siano competenti e informati a sufficienza per votare. A mio avviso queste risposte dimostrano intelligenza e serietà.

Trovo, invece, preoccupante che il 76% dei sedicenni ritenga che il loro voto non servirebbe in ogni caso a ottenere più ascolto da parte dei decisori politici, e che il 56% sia convinto che, anche qualora votassero, non sarebbero comunque coinvolti nelle questioni economiche, sociali e politiche.

Certamente non basta permettere ai sedicenni di votare se, in ogni caso, l'offerta politica non li riguarda. Del resto, in una nazione in cui il 60% della popolazione ha più di 40 anni, la spesa per l'istruzione rappresenta l'8% del prodotto interno lordo e quella pensionistica oltre il doppio, si comprende che i politici siano più inclini a cercare consenso (e quindi voti) altrove.

Eppure, assistiamo a un risveglio delle coscienze. In un'intervista al Tg2 nelle prime settimane di guerra in Ucraina, la professoressa Simona Colarizi ha sostenuto che questo conflitto ha «risvegliato il rapporto con la storia» di una generazione di giovani che «viveva soltanto nel presente». «L'impressione che si ha adesso è che questi eventi li abbiano effettivamente colpiti e quindi si comincino a chiedere quale sia il loro ruolo all'interno della società» secondo Colarizi.

È proprio su questo ruolo che ragazzi e decisori devono interrogarsi.

Una mattina mentre facevamo colazione, mia figlia di 5 anni mi ha esortato a «smettere di leggere tutti quei giornali di carta perché lo fanno solo i vecchi». Sicuramente quest'espressione non l'ha sentita a casa sua, ma è altrettanto sicuro, o quasi, che quando sarà lei una fruitrice d'informazione la carta sarà scomparsa o tutt'al più rimarrà appannaggio di noi vecchi Millennial.

La trasformazione è già cominciata e c'è chi, come i canali di informazione social Will, Torcha e Chora

Media, e i giornalisti che ci lavorano, l'ha saputa cogliere. Altri, i media tradizionali, arrancano, e altri ancora semplificano eccessivamente.

Secondo un'indagine condotta da Agcom nel 2020, c'è una «fuga delle nuove generazioni dai mezzi tradizionali – evidentemente legata a un'offerta che non soddisfa le esigenze informative dei più giovani – e una vera e propria dipendenza tendenziale verso una sola fonte informativa, la rete». Il linguaggio dei media tradizionali non parla agli utenti di queste fasce d'età, secondo il rapporto, favorendo «una specie di segregazione dei giovani nel mondo della rete, che diventa troppo spesso l'unico medium in grado di dar voce alle loro esigenze informative e in particolare sui social, per informarsi ma anche svolgere mille attività quotidiane, interagire tra loro, finendo così per appartarsi entro i confini ristretti della generazione di riferimento».

Ma se i giovani si confinano attraverso la rete in una bolla dove esistono solo loro e i meno giovani continuano a parlare attraverso canali «tradizionali», si capisce che uno scambio di informazioni, un dialogo è faticoso da instaurare.

Noi Millennial siamo cresciuti con la televisione, il telegiornale della sera, e i programmi della tv generalista. Già di per sé una rivoluzione rispetto alla fruizione di informazione e intrattenimento delle generazioni precedenti alla mia. Adesso ci sono canali nuovi, come Instagram e Twitter ma anche TikTok, Telegram e i podcast, e in molti casi i ragazzi la televisione non la usano. Gli basta un pc per i servizi in streaming.

Come si fa, allora, a comunicare con i giovani se non ci si sintonizza sulle loro stesse frequenze? «Non si può più prescindere dai social» afferma Cecilia Sala, giornalista di esteri e influencer ventottenne appena rientrata in Italia dall'Ucraina. «La generazione di mio nonno leggeva tanti giornali, quella di mio papà ne leggeva uno ma per intero, la mia approfondisce solo i temi che ci interessano davvero e raramente sulla carta.»

Il successo di Sala sui social, esploso con il ritiro degli americani dall'Afghanistan nell'agosto 2021 e cresciuto durante la guerra in Ucraina, è una delle dimostrazioni che molti giovani vogliono informarsi, vogliono conoscere anche ciò che accade lontano da loro, e sono disposti a porsi in ascolto.

«I ragazzi si appassionano ad alcuni temi – osserva – a una causa, a un giornalista o a un ambito del giornalismo... molti si abbonano a "Limes" o "Internazionale"... scelgono un tema e cercano di capirlo bene piuttosto che pretendere di sapere un po' di tutto.» Di contro, a suo parere, «può diventare un problema perché un'informazione selettiva porta a non preoccuparsi minimamente di alcuni temi, pensiamo alla giustizia, un tema poco interessante per i giovani che, però, avrà grande impatto sulla società in cui vivranno. Si sta perdendo il lato generalista dell'informazione».

Secondo alcuni, però, la sintesi e l'immediatezza dei social sono nemiche di un'informazione a tutto tondo. «I social sono utili in presa diretta, il tentativo è quello di far schiacciare un link che rimanda a un articolo» spiega Sala. «Se lo spazio dell'informazione inizia e finisce su Instagram è un problema.»

A me sembra, da un lato, che da parte di moltissimi giovani vi sia una richiesta di informazione concisa e imparziale, che si attenga strettamente ai fatti, ai dati. Non a caso la maggior parte delle piattaforme social di informazione si concentrano sulla condivisione di dati e di studi pubblicati da fonti autorevoli riconosciute. «Prima dei social lo facevano alcuni siti internet come Pagella Politica o "Il Post", funziona» secondo Sala. E, dall'altro, pare che la complessità sia diventata un problema per alcuni, qualcosa da cui generazioni cresciute all'insegna della brevità delle storie di Instagram, i video di TikTok, i 280 caratteri dei tweet, in un certo qual senso rifuggono. «Tagliare le cose con l'accetta è più facile» dice Sala. «Ci sono temi complessi su cui i partiti, per esempio in parlamento, sono costretti ad approfondire e di cui ai giovani interessa poco o nulla, come per esempio la giustizia o le pensioni... non sono temi pop ma per l'impatto che avranno su di loro, gli stessi giovani ne dovrebbero parlare ogni giorno!»

Culturalmente, in realtà, non è cambiato granché. Tutte le generazioni hanno avuto una fetta di appartenenti meno inclini a informarsi, a capire. È così anche oggi. Quel che è cambiato, completamente, sono i mezzi dell'informazione e le tecnologie, che rendono le notizie gratuite e accessibili a chiunque con un semplice smartphone. Questo può essere sia un rischio che un'opportunità e molti della vecchia guardia faticano ancora a vederlo e ad accettarlo.

La rivoluzione digitale, innescata, peraltro, dagli adulti, è in atto. Ed è necessario che gli adulti si sintonizzino sui canali dei giovani per permettere loro di partecipare pienamente al dibattito pubblico, anziché restare confinati alla loro «nicchia» giovanile. Anziché cercare di fermare un fiume in piena, convinti che chissà, forse un domani torneremo ad avere le file davanti alle edicole, o decine di milioni di telespettatori torneranno a seguire la politica in tv, le generazioni più mature devono cambiare il loro approccio nei confronti dei nuovi mezzi dell'informazione. Mario Calabresi, per esempio, è uno di quelli della vecchia guardia che ha colto bene quest'esigenza creando, insieme a Guido Brera, Mario Gianani e Roberto Zanco, la «storytelling company» Chora Media.

«Non so se è *wishful thinking*» conclude Sala «ma credo che in Italia abbiano più chance di sopravvivenza le testate che hanno degli approfondimenti, che sono diversi, che hanno un valore a prescindere dalla notizia del giorno.»

Il paradosso di una generazione abituata alla celerità, all'immediatezza della guerra, della pandemia, delle elezioni in presa diretta; ma dall'altro lato più incline dei genitori e dei nonni generalisti a specializzarsi, ad approfondire un singolo tema.

I limiti della lotta per l'ambiente

È un grande merito delle giovani generazioni e dei nuovi canali di comunicazione aver acceso un faro sui cambiamenti climatici. Indubbiamente, hanno raggiunto il risultato di riuscire a esercitare sui decisori pubblici la giusta pressione mediatica per cercare di ottenere il necessario cambio di passo.

Ma non esistono soluzioni facili da nessuna parte, tantomeno in un Paese che, per il momento, importa la maggior parte della propria energia, ancora molto legata ai combustibili fossili, e dove la prolungata crisi economica dello scorso decennio ha prodotto squilibri importanti in un mercato del lavoro già poco efficiente.

In tanti si chiedono se i ragazzi – smartphone alla mano e capi delle grandi catene di abbigliamento indosso – abbiano piena consapevolezza di ciò che comporta la lotta per la difesa del pianeta. Uno studio della Royal Society mostra che le tecnologie digitali, quindi l'utilizzo quotidiano che facciamo di internet, inquinano tre volte di più del traffico aereo mondiale. Secondo un altro studio, a ogni gigabyte consumato in Italia in frequenza 4G, cioè lo spazio occorrente per salvare 400 foto digitali di alta qualità, corrisponde un'emissione di 2,325 kg di CO2.

La cosiddetta fast fashion, poi, contribuisce in modo importante alle emissioni di CO2 nell'atmosfera e anche alla contaminazione dell'acqua in tutto il mondo, inondandola di microplastiche. La moda a buon mercato è responsabile anche di centinaia di migliaia di tonnellate di rifiuti tessili, tra cui i capi di abbigliamento invenduti.

Nino Tronchetti Provera, fondatore di Ambienta, società d'investimento incentrata sulla sostenibilità, sostiene che la sfida riguarda i prossimi 2 secoli, non il prossimo decennio, e i presupposti del dibattito in molti casi sono sbagliati. «La Generazione Greta è convinta che prendere un aereo sia un peccato mortale, poi mangiano hamburger ai fast food e si vestono con le magliette che costano 3 euro» dice Tronchetti Provera. «Se mettiamo insieme tutti gli aerei e le navi che viaggiano per il mondo, vediamo che consumano meno petrolio e meno acqua del tessile. Per non parlare dell'industria della carne» aggiunge.

Naturalmente, quando ci incontriamo in un ristorante di Milano, indossa un abito su misura confezionato nel 2001 e ordina soltanto piatti vegetariani (non so se lo sia ma a me ha dato un'impressione di coerenza rispetto al discorso). «L'entusiasmo di questi ragazzi, con una forte coscienza ambientale, è assolutamente positivo, e sta già producendo i primi effetti» dice. «Del resto, è la prima volta che i consumatori sono disposti a spendere di più per comprare prodotti più sostenibili, ed è un risultato clamoroso.» Ma secondo il fondatore di Ambienta, «è un entusiasmo che va reso più edotto». E spiega: «In Germania, i ragazzi sono scesi in piazza per chiedere l'abolizione del nucleare, l'hanno ottenuta, ma adesso la Germania è diventata il più grosso consumatore di energia da carbone in Europa, non un grande traguardo».

Anche noi, se percorriamo la strada dell'indipendenza dal gas proveniente dalla Russia, torneremo, inevitabilmente, a consumare più carbone nel breve e medio termine.

Concordo con Tronchetti Provera quando sostiene che anche la questione ambientale, come tante altre entrate prepotentemente nell'agenda del dibattito pubblico in questi anni, rischia di essere eccessivamente semplificata, ridotta in slogan, facendo così perdere di vista l'obiettivo.

E l'obiettivo in questo caso è fondamentale.

Parliamo del futuro del pianeta, quindi della casa di tutti noi. Ma parliamo anche della più importante rivoluzione dai tempi di quella industriale, di una tendenza che cambierà l'economia e il mercato del lavoro. Creerà nuovi mestieri e ne farà scomparire molti dei vecchi. «Il modo in cui l'ambiente cambierà la nostra economia è anche la nostra grande opportunità economica» osserva Tronchetti Provera «si tratta di cambiare il modo in cui costruiamo i palazzi, coltiviamo la terra, produciamo il cibo, le modalità in cui trasportiamo persone e merci, è chiaro che chi studia chimica, farmaceutica, biologia, ingegneria o economia, nel tempo non potrà che avere una vita professionale soddisfacente.»

Secondo l'Organizzazione internazionale del lavoro, la green economy creerà 24 milioni di posti di lavoro nel mondo entro il 2030. Guardando al futuro, la maggior parte dei nuovi mestieri sarà legato alla sostenibilità. Si capisce che l'impatto della rivoluzione in atto riguarderà soprattutto le future generazioni. Ma anche su questi temi, nel dibattito pubblico, ai tavoli dei decisori, non si vede traccia dei giovani.

«Come tutte le nuove tendenze, sono spinte ed energie che vanno incanalate» commenta Tronchetti Provera «un grandissimo nemico dei giovani sono gli slogan e i giovani sono molto più soggetti agli slogan.» È proprio la politica degli slogan, sostiene, ad aver convinto i cittadini meridionali a credere che «gli inceneritori fossero il male assoluto» portando quindi alla creazione di centinaia di discariche. «E poi a Copenaghen abbiamo un inceneritore con pista da sci al centro della città.»

Si torna al punto di partenza: l'educazione, anche quella ambientale, è fondamentale. La Fondazione Ambienta, che si pone come obiettivo di fornirla a bambini e ragazzi, in questi anni ne ha raggiunti quasi 600mila con le sue iniziative, inclusi veri e propri corsi scolastici sul tema. Purtroppo, la diffusione di questi corsi è ancora limitata ad alcune regioni e in ogni caso non sono previsti dall'ordinamento scolastico nazionale. Ambienta li offre gratuitamente alle scuole, da quasi un decennio. Il manuale di educazione ambientale creato per i bambini delle elementari va a ruba prima dell'inizio dell'anno scolastico a settembre.

Manca, però, un meccanismo di raccordo con lo Stato e con il ministero dell'Istruzione che il fondatore di Ambienta imputa a un troppo frequente ricambio al vertice, con indirizzi politici nel tempo contrastanti. «Il nostro è uno dei pochi Paesi dove l'educazione ambientale non è materia obbligatoria alle elementari [...] ma c'è il desiderio di studiare questi temi.»

Lo Stato non dovrebbe delegare queste questioni, e sulla carta l'educazione ambientale fa parte del corso di educazione civica, recentemente reintrodotto; le linee guida ministeriali, 210 pagine prodotte da un gruppo di esperti del ministero dell'Ambiente, sono del 2014, ma ancora oggi, in molti casi, sembrano essere lettera morta nelle scuole.

Ambienta, come altre realtà che investono in aziende sostenibili, assicura che l'Italia sul piano economico e industriale è competitiva sulla sostenibilità, a partire da Enel, leader mondiale tra le aziende nella produzione di energie rinnovabili, fino ad arrivare ad alcune piccole aziende del territorio.

Ma se Enel è stata riconosciuta come una delle aziende più sostenibili in Europa da Euronext Vigeo Eiris World 120, insieme a Telecom, Terna, e Poste Italiane è anche vero che, per esempio, tra le 100 aziende mondiali con almeno un miliardo di fatturato del Global 100 Most Sustainable Corporations Index, elaborato della società canadese Corporate Knights sulla base di 24 criteri di sostenibilità, tra le italiane c'è solo Intesa Sanpaolo, la più grande banca del Paese.

Tante altre grandi aziende italiane, secondo vari indicatori, ritengono la sostenibilità un elemento sempre più importante nelle loro scelte strategiche; le piccole e medie imprese, la cui disponibilità di denaro per investire in ricerca e sviluppo è certamente minore rispetto alle grandi aziende quotate, in alcuni casi sono più indietro, ma dovranno, gradualmente, mettersi al passo.

Questo fa ben sperare sulle prospettive lavorative dei giovani italiani, e lascia intendere che gli indirizzi scolastici nuovi, come quello (fortemente voluto dal ministero dell'Ambiente) sulla Gestione delle acque e risanamento ambientale, molto improntato sui laboratori e i corsi di tecnologia e chimica, anche applicata, saranno sempre più importanti e sarà fondamentale diffonderli su tutto il territorio nazionale.

PROPOSTA: Si velocizzi l'effettivo inserimento dell'educazione ambientale nel programma scolastico e vi si includano anche laboratori e attività dedicate. Si promuovano, inoltre, accordi tra pubblico e privato per la fornitura di manuali (come quello della Fondazione Ambienta, ma non solo) e per lo sviluppo di nuovi indirizzi scolastici (penso, per esempio, al progetto didattico per le scuole secondarie, Sea Beyond, promosso dal Gruppo Prada e dalla Commissione Oceanografica Intergovernativa dell'Unesco per educare alla preservazione del mare, e che, da settembre, offrirà ai bambini delle scuole materne di Venezia, che vorranno aderire, un programma di lezioni all'aria aperta su questa tematica); per la realizzazione di incontri e conferenze sull'ambiente con gli esperti della materia; per finanziare escursioni e gite scolastiche a tema. Sono sempre di più le aziende che dedicano una parte delle loro risorse finanziarie al cosiddetto «no profit» e negli ultimi anni sono sempre più numerose quelle che dedicano questi investimenti ad ambiente e sostenibilità. Si tratta, ormai, anche di una questione reputazionale. Semplificando la comunicazione e la burocrazia all'interno dei ministeri, di cui parlava Tronchetti Provera, si riuscirebbe a creare un meccanismo virtuoso che, nell'aumentare le risorse a disposizione dello Stato, potenzierebbe l'efficacia dell'educazione ambientale all'interno delle scuole.

5
Pubblica (d)istruzione

Gli italiani studiano, in media, più a lungo degli americani e di tanti altri europei, ma finiscono per essere anche più disoccupati. E alcuni restano ignoranti, secondo quanto ci dicono i test Invalsi.

Le nostre università, storicamente fiore all'occhiello del Paese, veicolo della cultura italiana famosa nel mondo (e lasciatemi dire anche molto più toste da affrontare per gli studenti rispetto alle grandi università anglosassoni), sono in fondo alle classifiche internazionali. Sia quelle pubbliche che quelle private.

Oggi una percentuale fin troppo alta degli studenti che escono dalle superiori ha una padronanza approssimativa dell'italiano, soprattutto scritto. L'inglese non lo cito neppure.

Non è normale e non è normale che non ci si interroghi seriamente sul perché. Per liquidare il problema non basta dire che nelle nazioni con le migliori università e ottime scuole secondarie che vi offrono accesso l'unica istruzione di qualità è privata, mentre da noi la scuola (come la sanità) è pubblica (anche perché nel caso dell'Olanda, della Francia e della Germania, per esempio, non è sempre vero).

Non è una vittoria dello Stato investire risorse pubbliche per far studiare i cittadini se questi poi restano ignoranti o disoccupati (o entrambe le cose), non terminano il ciclo di studi, o lo completano brillantemente ed emigrano per andare a contribuire alla crescita economica di altre nazioni portando in dote 20 anni di formazione scolastica e universitaria quasi gratuita a carico degli italiani.

Quindi perché?

Personalmente, avendo frequentato scuole straniere e università italiane, ed essendo cresciuta a cavallo tra l'Italia e gli Stati Uniti, un'idea ce l'avrei. Studiamo troppo a lungo, senza obiettivi concreti se non l'apprendimento di nozioni che il più delle volte sono eccessive e vengono impartite esclusivamente attraverso lezioni frontali.

Un percorso di studi completo, dalle elementari alla laurea magistrale, dura 18 anni, contro i 17 degli americani, mentre in Gran Bretagna, a parità di durata del percorso, la prima elementare si incomincia a 5 anni (cito i due Paesi che conosco meglio e che secondo le classifiche internazionali vantano le migliori università al mondo e hanno tassi di disoccupazione bassi tra i laureati). È vero, però, che gli americani e i britannici, a differenza degli italiani, hanno meno vacanze durante l'estate e fanno il tempo pieno a scuola e quindi, probabilmente, il numero di ore passate sui banchi alla fine è anche maggiore. E forse è un'altra cosa su cui interrogarsi.

La durata del percorso scolastico in Italia è stata, per anni, al centro di un acceso dibattito senza, però, produrre alcun risultato tra esigenze contrastanti del personale scolastico e visioni pedagogiche contrapposte. Ora è tornato d'attualità in occasione del Pnrr e nella missione legata alla scuola si dibatte, nuovamente, dell'opportunità di accorciare il percorso di un anno.

Abbiamo, poi, passato gli ultimi anni a discutere sull'opportunità dell'alternanza scuola-lavoro al liceo e poi ci ritroviamo tassi di abbandono altissimi dopo il primo anno di università, oppure universitari che per tutta la durata del percorso di studi non vengono, in alcun modo, avvicinati a un mondo del lavoro al quale arrivano del tutto impreparati, pronti per essere sfruttati tra tirocini e contratti precari.

Quelli non li scampa quasi nessuno. Infatti, per accedere alle professioni come quelle giuridiche o legate alla psicologia occorre svolgere un praticantato, spesso gratuito e della durata di circa 2 anni. In quasi tutti gli altri casi inizia il walzer dei tirocini e degli stage, questi, finora, troppo spesso gratuiti (e anche abusati, ne parleremo).

Nei Paesi anglosassoni, gli stage si svolgono durante le estati dell'università, tra un anno accademico e l'altro. Una volta terminato il ciclo di studi universitari, della durata di 3 o 4 anni, si è pronti per entrare nel mercato del lavoro. A meno che si scelga di proseguire con un master. In ogni caso, a questo punto, i ragazzi hanno 21 o 22 anni.

Questo significa che a 24,5 anni, l'età media in cui gli italiani conseguono la laurea triennale, o di primo livello (!), secondo AlmaLaurea, altrove i ragazzi sono già «in pista» da 3 o 4 anni. Diciamo anche, poi, che la triennale in Italia serve a poco e che per completare il ciclo magistrale di anni ne occorrono altri 2 o 3.

Se a questo aggiungiamo che una percentuale di questi laureati restano disoccupati, altri ci impiegano anni a trovare un lavoro e altri ancora lo trovano subito ma con stipendi molto più bassi rispetto ai loro coetanei degli altri grandi Paesi europei, è evidente che c'è un problema e riguarda l'ordinamento scolastico e universitario nel complesso.

In che modo un giovane che all'inizio del suo percorso professionale è mediamente più vecchio dei neolaureati stranieri e non ha alcuna esperienza pregressa può rendersi competitivo?

Una delle testimonianze più significative che ho raccolto in questi mesi di ricerche è stata quella di Klesi Balliu, la venticinquenne studentessa di scienze politiche, la quale si è vista rispondere (per email) «siamo un'università degli studi non un'agenzia di collocamento» dall'ufficio *job placement* della sua università alla quale aveva chiesto supporto per trovare uno stage.

Così stando le cose colpisce ancora di più che lo Stato abbia previsto un meccanismo di orientamento al lavoro tanto precoce quanto, il più delle volte, fine a sé stesso come il modello di alternanza scuola-lavoro.

Fanno bene gli studenti a protestare, e a mio avviso non perché l'idea di un'esperienza lavorativa durante le superiori sia sbagliata, ma perché ci si deve chiarire sui suoi presupposti e sugli obiettivi. Non può essere un'altra occasione per prestare manodopera gratuita, magari in condizioni di scarsa sicurezza. Né deve diventare una perdita di tempo, come per quegli studenti che mi hanno raccontato che nel loro liceo l'alternanza prevedeva la lettura di un libro con annessa tesina, oppure altri che si sono visti riconoscere un viaggio scolastico come alternanza. Così come fanno bene a protestare contro il nuovo esame di maturità. La scuola superiore è un percorso, e come tale è non solo giusto ma sarebbe anche più sensato che gli studenti venissero giudicati soprattutto su quel percorso e non sulla performance all'esame di maturità.

Del resto, se gli italiani studiano più e meglio di quasi tutti gli altri (nonostante le nostre scuole non compaiano nelle classifiche) è un peccato disperdere questo patrimonio culturale e di conoscenza.

E poi, durante gli anni delle scuole superiori, i ragazzi vanno aiutati a orientarsi. Devono comprendere le possibilità di cui dispongono e le scelte che possono o non possono compiere. Vanno indirizzati verso un percorso dopo le superiori, per esempio sulla base delle materie verso le quali hanno mostrato maggiore propensione a scuola, e a prescindere dal liceo o istituto tecnico che hanno scelto di frequentare. Vanno anche aiutati a comprendere che cosa sia, realmente, il mondo del lavoro per arrivarci più preparati. Paradossalmente, una forma di alternanza scuola-lavoro che gli consentisse anche solo di osservare i processi produttivi delle aziende, come si lavora in un ufficio, in un ospedale, in un asilo, in uno studio professionale, sarebbe più benefico.

Ma a chi spetta il compito di incoraggiare i giovani a scoprire i corsi universitari e professionalizzanti a cui possono accedere dopo il diploma? Oppure gli sbocchi lavorativi di una laurea o l'altra? Dovrebbe essere compito della scuola, che troppo spesso non lo assolve.

I giovani diplomati scelgono una o l'altra facoltà universitaria sulla base di gusti o mode, il più delle volte senza un obiettivo preciso e senza un'idea chiara delle professioni a cui quel corso di studi effettivamente prepara, o delle concrete prospettive occupazionali. Quante volte abbiamo sentito frasi come «mi piacciono la storia e la filosofia ma non voglio fare il professore quindi non saprei cosa studiare all'università», oppure la percezione di alcune materie o mestieri «più da maschi» o «più da femmine» e quindi non adatte a tutti a prescindere dalle capacità e dai gusti?

È necessario che lo studio, oltre al pur necessario apprendimento di nozioni, metta i ragazzi in condizione da un lato di scoprire chi sono, le loro aspirazioni, dall'altro di arrivare pronti al mondo del lavoro. Le due cose non possono continuare a essere tanto slegate perché a lungo andare rischia di diventare un modello insostenibile. Tanti disoccupati a cui, però, in compenso l'università ha «aperto la mente» (cioè quella che dovrebbe essere la funzione principale della scuola e dell'università secondo alcuni).

Alcuni ragazzi descrivono una scuola ipercompetitiva che rischia anche di renderli insicuri delle loro capacità, altri vivono una realtà opposta e parlano di stimoli scarsi e poca motivazione, talvolta un'importanza eccessiva data al voto, più che all'apprendimento. Senza pretendere di avere soluzioni facili a un problema largamente dibattuto, che affonda le sue radici in questioni politiche e culturali, sarebbe un buon punto di partenza orientare la competitività verso obiettivi concreti.

Ci si chiede perché sono poche le ragazze che si iscrivono alle facoltà scientifiche o ci sono pochi laureati in information technology e ci si lamenta che non si trovino figure tecniche e specializzate in alcuni settori.

Troppo spesso ci si iscrive all'università per poi abbandonarla: nel 25% dei casi dopo il primo anno, secondo AlmaLaurea.

Contemporaneamente leggiamo di aziende che non trovano le figure professionali che cercano. Questo nonostante i percorsi di Istruzione e Formazione Tecnica Superiore (Its e Itfs) esistono e vengono promossi da ogni regione.

Voglio lanciare una provocazione: a cosa serve studiare se questi sono i risultati? A dire che abbiamo una scuola migliore, per esempio, di quelle anglosassoni dove il latino e il greco non vengono insegnati e la matematica, in molti casi, non viene approfondita? Intanto quei giovani nel lungo termine tendono a essere più realizzati e indipendenti di tanti giovani italiani.

D'altro canto, se è vero che partiamo da un livello scolastico, sulla carta, più alto di altre nazioni straniere, sfruttandone le potenzialità appieno saremmo ultracompetitivi.

Fortunatamente la riforma della scuola legata al Pnrr introdurrà corsi di orientamento allo studio universitario, la formazione professionale e il mondo del lavoro in modo da assicurarsi una maggiore consapevolezza da parte dei ragazzi nella scelta del proprio percorso. È prevista l'introduzione di moduli di orientamento nelle scuole secondarie di I e II grado per almeno 30 ore negli ultimi 2 anni. È un aspetto fondamentale della riforma che dovrebbe essere adottata entro quest'anno e se ben implementata dovrebbe ridurre il numero di passi falsi e vicoli ciechi troppo spesso causati da poca o imprecisa informazione.

PROPOSTA: Il ministero dell'Istruzione ha annunciato alla fine del 2021 che in alcune scuole superiori si sperimenterà la riduzione di un anno del percorso ora di 5 anni. Si raccolga questa proposta nel quadro del Pnrr e si accorci di un anno la durata di tutte le scuole superiori. Si passi, altresì, al tempo pieno per tutti:

tenere i ragazzi a scuola per l'intera giornata ha effetti virtuosi, soprattutto nelle situazioni sociali ed economiche più svantaggiate. Del resto, il reclutamento del personale docente è uno degli obiettivi del Pnrr e le basse retribuzioni sono la principale fonte di scontento tra gli insegnanti. Rivederle al rialzo anche in conseguenza all'aumento delle ore lavorate, sarebbe, sicuramente, un ottimo punto di partenza per intavolare qualsiasi discorso di riforma scolastica.

L'università e i suoi limiti

Abbiamo accennato al fatto che le nostre università non sono più competitive, nel prestigioso ranking stilato da Qs per il 2022 non c'è neanche un'università italiana nelle prime 150 posizioni, la prima è l'università di Bologna alla 164esima posizione. Oltre alla qualità dell'insegnamento, l'affollamento delle aule, l'accesso alle risorse universitarie, le classifiche prendono in considerazione una serie di altri fattori, inclusa la qualità del lavoro conseguito successivamente alla laurea.

Considerato che abbiamo il numero più alto di studenti universitari fuori corso in Europa, il più basso numero di laureati e una disoccupazione giovanile tra le più alte del continente, non mi sembra una gran sorpresa.

Il problema è noto: già 20 anni fa, secondo i dati

del ministero dell'Istruzione, avevamo oltre il 75% di studenti universitari fuori corso e un tasso di abbandono tra il 20 e il 30%. Gli interventi da parte dello Stato sono stati pochi e, probabilmente, scarsamente incisivi, ma il dato degli studenti fuori corso è migliorato: oggi sono circa il 50%.

Non è normale (e non dobbiamo rassegnarci a pensare che lo sia) studiare per 20 anni della propria vita, in molti casi a carico dello Stato, per poi restare a carico dello Stato stesso o della propria famiglia d'origine in qualità di disoccupato. L'università è l'anticamera al mondo del lavoro, non un parcheggio in attesa di diventare disoccupati. Anche il dibattito sulla riforma dell'università è vivo e risalente, come ci raccontano tanti studi sul tema. Secondo alcuni, il primo modo per arginare il rischio sarebbe quello di introdurre i test di ammissione obbligatori in tutte le facoltà, tendo a essere d'accordo e aggiungo che sarebbe anche giusto permettere il passaggio da un anno all'altro soltanto dopo il superamento di tutti gli esami previsti per quell'anno, senza dare la possibilità di ripeterli per più di un paio di volte fino all'ottenimento del voto desiderato.

L'Italia è con tutta probabilità l'unica nazione in cui i voti all'università si possono rifiutare a proprio piacimento e un esame si può ripetere, potenzialmente, infinite volte (alcune università hanno limitato il numero di rifiuti possibili). In molti casi sappiamo che sono gli esami più ostici, nei confronti dei quali alcuni sviluppano una vera idiosincrasia, a far restare indietro gli studenti. Dal secondo anno di «fuoricorsismo» in poi, secondo la legge italiana, si viene «puniti» con una mora di 100 euro l'anno, e perde lo status di studente chi non supera alcun esame previsto dal proprio corso di studi per 8 anni accademici consecutivi.

Le conseguenze di una laurea fuori corso, a parte in casi eccezionali come quelli di studenti lavoratori, sono enormi, ma evidentemente sottovalutate. Sono un primo passo verso quella degenerazione tutta italiana degli stagisti trentacinquenni, che non lasciano il nido fino a tarda età e che vengono considerati ancora «giovani» a 40 anni.

La tendenza a laurearsi tardi diminuisce la competitività dei laureati italiani senza aumentarne le competenze specifiche e ritarda di molto, di troppo, la formazione professionale.

Inoltre, la metodologia di studio, da esporre perlopiù oralmente in sede d'esame, non aiuta a sviluppare le capacità pratiche e relazionali necessarie nel mondo del lavoro e può essere disorientante o poco stimolante per chi sbarca all'università con scarsa convinzione o poca passione verso il corso prescelto. Dalla mia esperienza, le lezioni frontali partecipate, i compiti a casa, sotto forma di temi, elaborati scritti, ricerche e i lavori di gruppo come strumento che offra ai ragazzi un'idea di ciò che significhi lavorare con altre persone ed essere valutati insieme, non solo individualmente, sono tutte metodologie piuttosto utili per stimolare gli studenti e per evitare grosse dispersioni di concentrazione rispetto allo studio.

PROPOSTA: Perché non anticipare al primo anno la possibilità di svolgere stage curricolari, un'alternanza scuola-lavoro vera e propria che permetta ai giovani di iniziare a conoscere potenziali sbocchi lavorativi futuri e alle aziende di incontrare neolaureati già formati da inserire. Inoltre, si limiti a una singola volta la possibilità di rifiutare un voto universitario e si leghi il passaggio da un anno all'altro del corso di laurea al superamento di tutti gli esami previsti durante l'annualità. Saranno sicuramente proposte impopolari, ma sarebbero anche metodi efficaci per arginare il problema del fuoricorsismo.

3+2

La riforma Berlinguer, per la parte che ha riformato i corsi di laurea da quadriennali a 3+2, è stata a mio avviso non solo inutile per gli studenti, ma anche dannosa. Certo, ce la chiedeva l'Europa e al tempo si pensava che potesse agevolare l'ingresso nel mondo del lavoro per quegli studenti che si fermavano alla triennale. Sistemi analoghi sono previsti in altre nazioni europee e funzionano. Ma non basta la formula per far funzionare, all'atto pratico, un nuovo sistema: sarebbe servito concepire un'università nuova, con la previsione di un bachelor degree, un percorso universitario completo, della durata di 3 anni, che equiparasse i laureati triennali ai vecchi laureati quadriennali e quindi li incoraggiasse a inserirsi a tutti gli effetti nel mondo del lavoro dopo il conseguimento della laurea triennale. Il master di 2 anni doveva essere facoltativo e volto a una specializzazione e non di fatto necessario a completare il percorso universitario. In diversi casi, non si è fatto altro che spezzettare i vecchi programmi universitari proponendo una parte di questi al triennio e un'altra alla magistrale e dando l'impressione – forse non solo un'impressione – che senza la magistrale il percorso di studi non sia completo. Naturalmente, e direi anche per fortuna, la laurea triennale non è sufficiente per l'accesso alle professioni, come per medicina, legge, ingegneria e psicologia, che hanno subito nel frattempo altre riforme del corso di studi.

Il 56% dei laureati triennali, secondo AlmaLaurea, preferisce iscriversi al ciclo magistrale subito dopo il triennio piuttosto che cercare un lavoro. Il modello 3+2 non ha neanche aumentato il numero degli iscritti all'università né ha cancellato il problema dei fuori corso. Non un grande risultato in tempi di crisi economica e forte disoccupazione: si aumentano le spese per le famiglie, e si ritarda l'ingresso nel mondo del lavoro che, abbiamo visto, è di per sé già ritardato dai problemi strutturali legati alla progressione universitaria.

PROPOSTA: Si ripristino per tutte le lauree i vecchi cicli unici dai 4 ai 6 anni e si elimini anche il sistema di medie ponderate sulla base dei crediti, ristabilendo un sistema basato sulla semplice media aritmetica tra i risultati dei vari esami.

Doppia laurea

Il parlamento italiano ha da poco approvato la legge sulla «doppia laurea» che abolisce il divieto degli anni Trenta di iscriversi a due corsi di laurea contemporaneamente e permetterà, da settembre, l'iscrizione a due diversi corsi di laurea, di specializzazione.

«A studentesse e studenti sarà così permesso di combinare lauree, diplomi di Conservatorio o Accademia e dottorati, perché possano prepararsi al meglio ai mestieri del futuro, sempre più ibridi e innovativi» dice l'onorevole Alessandro Fusacchia, del Gruppo Misto, relatore della legge. «È un passo che porta verso l'adeguamento della normativa italiana a quella europea e a favorire la formazione interdisciplinare e di nuove figure professionali che rispondano maggiormente alle richieste del mercato del lavoro.»

«Molti ragazzi hanno capito che servono competenze più ibride, la tecnologia ha invaso le scienze sociali» spiega Fusacchia «l'archeologo scava con i droni; un avvocato che vuole difendere i diritti umani come fa a non comprendere l'algoritmo di una piattaforma web?»

Le competenze possono, devono, essere mischiate.

«In un mondo iperspecializzato, la doppia laurea riporta un po' a essere generalista, magari il sistema finirà per essere più ibrido, gli studenti non conseguiranno due lauree ma avranno sostenuto esami di facoltà diverse» osserva Fusacchia.

Secondo i critici di questa legge, si rischia di aumentare ulteriormente la dispersione. Ma Fusacchia è netto: «Potrebbe anche aiutare a far laureare più persone perché lascia aperte due porte, lasciano un percorso ma continuano l'altro».

La ministra dell'Università Maria Cristina Messa in questi mesi ha spinto per la revisione delle classi di laurea, il problema, dice Fusacchia, è che per la riforma occorre il parere del Consiglio Nazionale dell'Università e «i professori universitari in Italia sono molto gelosi dei loro comparti».

Una legge, una delle poche, approvate dal parlamento in questa legislatura, all'unanimità, che eserciterà una pressione, a mio avviso virtuosa, su un sistema che deve modernizzarsi.

Sarà anche un'occasione per riflettere, in modo più ampio, sul diritto allo studio e sui paletti imposti dai tetti Isee alle borse di studio universitarie. Se non viene introdotto un sistema basato sul merito con un tetto di reddito per le borse di studio, innalzato per ricomprendere il ceto medio, quello maggiormente impoverito dalle varie crisi di questi anni, rischia di rimanere un'opportunità, quella della doppia laurea, che potranno cogliere soltanto i figli delle famiglie più abbienti.

«Sarà un sistema più dinamico, due dottorati insieme non si potranno fare, tutto il resto sarà liberalizzato, e permetterà a ciascun individuo di costruirsi un proprio percorso, certo bisognerà ripensare il diritto allo studio» conclude Fusacchia.

PROPOSTA: Si ripristini immediatamente la Fondazione per il Merito, la partnership pubblico-privato creata nel 2011 dall'allora ministro dell'Economia e delle Finanze Giulio Tremonti e dal ministro dell'Istruzione, dell'Università e della Ricerca Mariastella Gelmini per sostenere la formazione universitaria degli studenti meritevoli attraverso un sistema di premi e prestiti.

Non c'è lavoro, ma neanche le figure che servono al mondo del lavoro

Chi ha detto che tutti debbano andare all'università?

Se, come abbiamo visto, il tasso di abbandono e di fuori corso in Italia è così alto, forse dipende anche dall'errore di intendere l'università come una scelta di default, per chi viene da una famiglia in cui tutti hanno fatto percorsi universitari; oppure come un segno di promozione sociale a prescindere dal fatto che offra o meno opportunità concrete. Un approccio ideologico, insomma, anziché pragmatico, che sarebbe utile ribaltare. Non «se vado all'università troverò un lavoro migliore» ma «andare all'università mi è abbastanza utile e ho sufficiente motivazione per rimandare l'ingresso nel mondo del lavoro?».

Nel Paese in cui non c'è lavoro, ci sono sempre più aziende che non riescono a trovare figure tecniche specializzate. Uno studio realizzato lo scorso anno da Unioncamere e Anpal ci dice che in oltre un terzo dei casi le imprese hanno difficoltà a reperire le figure che cercano, la cifra supera il 50% nel caso di operai specializzati e raggiunge il 48,4% per i dirigenti e il 41,4% per le professioni tecniche. Mancano fonditori, saldatori, fabbri ferrai, costruttori di utensili e operai tessili. Scarseggiano i tecnici informatici e telematici così come i tecnici della distribuzione commerciale.

Lo scorso inverno, a pranzo con un paio di imprenditori brianzoli, pensavo scherzassero quando mi dissero che non riuscivano a trovare rispettivamente un litografo a cui veniva offerta una retribuzione di 3000 euro al mese e un tecnico informatico con una retribuzione offerta altrettanto attrattiva. Poi ho letto i dati e mi sono dovuta ricredere.

Il bollettino Unioncamere-Anpal ci dice che a settembre 2021 sono stati oltre mezzo milione i lavoratori ricercati dalle imprese, circa il 21% in più rispetto al 2019, quindi prima della pandemia. Ciò nonostante, molte figure specializzate non si trovano.

Alcuni daranno tutte le colpe ai sussidi statali di cui parlerò in seguito e che potranno aver contribuito per la parte che riguarda la manodopera non qualificata, ora però mi soffermerei sulla carenza di figure professionali specializzate. Scontiamo, in questo frangente, un'altra posizione ideologica, ovvero che trovare lavoro senza essere passati dall'università non offra la possibilità di costruire carriere remunerative e soddisfacenti. Non è così. Purché il lavoro che si intraprende sia vicino alle proprie inclinazioni, cominciare subito un brillante percorso professionale può essere più utile per la realizzazione personale rispetto a intraprendere un mediocre percorso universitario. E nulla impedisce di conseguire un diploma di laurea più avanti, da lavoratori, come tanti hanno fatto e fanno.

Una delle riforme del Pnrr ha come oggetto la semplificazione del modello organizzativo e didattico per permettere agli Its di offrire corsi di formazione tecnica orientati al lavoro all'interno di 6 ambiti, inclusa l'efficienza energetica, la mobilità sostenibile e il Made in Italy, considerati prioritari per lo sviluppo economico del Paese. L'effetto dovrebbe essere quello di colmare, finalmente, il disallineamento tra domanda e offerta di lavoro raddoppiando gli iscritti agli Its entro il 2025. E dare accesso alle nuove generazioni ai mestieri del futuro, con possibilità di carriera e una dimensione internazionale.

La portata della riforma e le potenzialità per il mondo del lavoro, a mio avviso, sono enormi. Nell'arco di 2 anni i diplomati sarebbero in grado di completare la formazione professionale, incluso un tirocinio formativo, anche all'estero, per poi essere inseriti nel mondo del lavoro. A 21 anni.

Già ora il sistema funziona bene in regioni con un alto tasso di industrializzazione e una bassa disoccupazione quali il Friuli-Venezia Giulia, il Veneto e l'Emilia-Romagna. Queste regioni hanno anche tassi di frequentazione degli istituti tecnici più alti rispetto alla media nazionale e in alcuni casi più alti dei licei. A Vicenza, per esempio, il 44,8% degli iscritti sceglie gli istituti tecnici, il 40% i licei e il 15,2% i professionali.

Sarebbe importante incoraggiare anche gli studenti dei licei a prendere in considerazione percorsi professionalizzanti frequentando gli Its. Al Sud, per esempio, dove la disoccupazione giovanile è più alta rispetto al Nord e dove pure esiste il problema della carenza di figure professionali per cui invece c'è richiesta, i licei sono più frequentati degli istituti tecnici. Se si incoraggiassero i giovani liceali che non vogliono frequentare l'università o che desiderano lavorare al più presto a frequentare gli Its dopo il diploma, verrebbero messi anche in condizioni migliori per trovare un lavoro.

La scarsa mobilità sociale

Il paradosso è che, oggi, la scuola è a portata di tutti ma non funge più da ascensore sociale quasi per nessuno. E se dal Secondo dopoguerra la possibilità di andare a scuola ha aiutato anche chi arrivava da famiglie povere e disagiate a spezzare la catena, i dati ci dicono che oggi sono proprio i ragazzi che provengono da quelle realtà ad avere una maggiore probabilità di fallimento scolastico, abbandono o mancato apprendimento anche delle nozioni minime.

Secondo il Global Social Mobility Index del World Economic Forum, l'Italia è tra gli ultimi Paesi europei per mobilità sociale, appena sopra Ungheria, Bulgaria e Romania. Un rapporto Oxfam del 2019 ci dice che il 10% più povero degli italiani avrebbe bisogno di 5 generazioni per percepire l'attuale reddito medio nazionale. Da un punto di vista economico, sociale e di integrazione non mi sembra, in ogni caso, che l'ascensore o *the social ladder*, la scala sociale, come la chiamano gli inglesi, funzioni particolarmente bene in nazioni che nella classifica del Wef fanno meglio di noi. Un sondaggio pubblicato sul sito del governo di Londra nel 2021 rivela che il 74% dei britannici vede un grande gap tra le varie classi sociali e solo il 35% ritiene che ci siano «opportunità imparziali per tutti sulla base dell'impegno di ciascuno» e il 42% degli intervistati tra i 25 e i 49 anni sostiene che migliorare la propria posizione sociale stia diventando sempre più difficile per chi viene da famiglie svantaggiate.

Idealmente il compito di favorire la mobilità sociale spetterebbe, ovunque, alla scuola. Malcolm X diceva che la scuola è il nostro passaporto per il futuro, poiché il domani appartiene a coloro che oggi si preparano ad affrontarlo.

In troppe occasioni, però, la scuola non è più ascensore sociale e molti saranno impreparati ad affrontare il futuro. Mi domando, però, se la colpa sia soltanto della scuola stessa.

Io appartengo alla schiera delle persone fortunate. Se non avessi avuto i mezzi economici e le possibilità, anche culturali, che mi hanno offerto i miei genitori, non avrei potuto cogliere le stesse opportunità lavorative. A loro volta, per potersi guadagnare quei mezzi economici, avevano dovuto studiare. È pur vero che nella mia famiglia lo studio, la lettura, l'apprendimento, sono sempre stati prioritari. Mio nonno ci ha lasciato in eredità oltre 10.000 libri, tutti sottolineati e annotati con la vecchia matita blu e rossa. Per tutta la vita mantenne l'abitudine, appresa in collegio negli anni Trenta, di svegliarsi prima dell'alba per studiare. Quando a 12 anni mi misi in testa di voler imparare il tedesco, si offrì di farmi lezione nel fine settimana: cominciammo dalla traduzione integrale di *Der Faust*, la tragedia di Goethe (non esattamente una lettura da scuola media).

Una responsabilità importante ce l'hanno anche le famiglie. Tanto più quelle che hanno i mezzi economici e culturali per permettere ai figli di studiare, di lavorare. Nelle situazioni svantaggiate, di disagio, la soluzione non può essere semplicistica.

Lo scrittore Jonathan Bazzi, cresciuto a Rozzano,

periferia Sud di Milano con il tasso di abbandono scolastico più alto del Nord Italia, mi dice una frase che penso sintetizzi perfettamente il cortocircuito: «La cosa ingiusta è che se nasci lì, in uno di quei palazzoni di case popolari, per combinare qualcosa, per spostarti, devi essere un'eccezione».

Bazzi racconta che in quella realtà, come in tante altre simili in tutt'Italia, «ci si abitua a progettarsi in un orizzonte più ristretto di quello che potrebbe essere... Devi disporre di riserve di immaginazione e determinazione per riuscire a pensarti in un luogo diverso». Riserve di immaginazione che lui ha avuto e che l'hanno portato a vivere a Milano, pochi chilometri dal comune di Rozzano, ma ad anni luce di distanza. Mi descrive l'ansia di quando alle superiori doveva andare dalla mamma a dirle quanti libri si dovevano acquistare: «Non solo per il costo, ma anche per la scarsa cultura della scuola». C'era anche il problema delle assegnazioni delle borse di studio perché i soldi della prima rata andavano anticipati, non tutte le famiglie potevano permetterselo o non la consideravano una priorità di spesa, così Bazzi si è trovato a farseli prestare o a «usare le mance dei compleanni».

Quella scarsa cultura della scuola, vissuta sulla sua pelle, gli è tornata in mente, quando ormai trentacinquenne scrittore e giornalista di successo è tornato a Rozzano per realizzare un reportage sulla ripresa dell'anno scolastico dopo il lockdown del 2020. «Lì come nei posti simili, i problemi che hanno avuto tutti sono stati centuplicati perché tante famiglie vivono la scuola come una fatica, un'ingerenza dello Stato, una perdita di tempo, qualcosa che rappresenta il potere, la burocrazia» dice.

Diventa più facile adeguarsi, rassegnarsi al proprio status, che provare a cambiare.

Uno studio di 10 anni fa, ma sempre attuale, pubblicato da Confindustria ha cristallizzato bene il problema della mobilità sociale: nel 2012 un giovane con padre operaio aveva il 62% di probabilità di diventare a sua volta operaio, 20 anni prima la probabilità era del 50,5%.

Bazzi racconta che nessuno dei suoi amici o parenti più stretti ha lasciato Rozzano e che dopo il reportage del 2020, in cui dava voce a madri e insegnanti, la presentazione del suo libro *Febbre*, finalista al premio Strega, fu annullata per il disappunto della comunità ad aver letto di sé in quei termini.

«Il rapporto mancato con la verità impedisce anche il cambiamento... I problemi si rinforzano a vicenda – spiega – per esempio, dove c'è una forte concentrazione di famiglie con problemi simili o una forte concentrazione di edilizia popolare, si crea una subcultura, dei comportamenti mentali simili, ci si abitua e non per il meglio.»

La povertà economica alimenta la povertà educativa e culturale e viceversa. Un circolo vizioso che a oggi richiede degli individui eccezionali per essere interrotto. «Ci vorrebbe contaminazione tra centro e periferia» dice Bazzi, ma il problema delle periferie si somiglia in tutto il mondo e non c'è ancora nessuna nazione che sia riuscita a trovare la formula magica nonostante i numerosi approfondimenti sul tema. Penso alla Gran Bretagna, dove il governo spende 21 miliardi di sterline l'anno in sussidi abitativi, e dove le case popolari, a partire dal Secondo dopoguerra, sono state costruite anche nei quartieri residenziali per promuovere la «contaminazione» ma che, a distanza di anni, non ha prodotto alcun effetto positivo evidente.

A ben vedere a Rozzano, come in una difficile periferia romana dove ho intervistato alcune famiglie lo scorso autunno durante la campagna elettorale per le amministrative, e in tante altre realtà sociali meno estreme, ma comunque non fortunate, non basta lo Stato in cui, peraltro, molte persone hanno smesso di credere o non hanno mai creduto. Deve esserci una presa di responsabilità da parte dei cittadini, dei genitori dei ragazzi che sono ancora in tempo per invertire la rotta. Come dice Bazzi, occorre motivazione e uno sforzo di immaginazione, cosa che negli individui non può inculcare lo Stato. Motivazione e sforzo di immaginazione che esistevano in tante famiglie povere nel Dopoguerra e che si sono gradualmente persi. Nelle realtà disagiate, e in parte anche in quelle privilegiate.

6
I sussidi chi ve li ha chiesti?

Ad aprile si è acceso un forte dibattito pubblico, l'ennesimo, sull'opportunità o meno di pagare i giovani che si cimentano in un lavoro per la prima volta. A innescare la polemica le parole dello chef Alessandro Borghese al «Corriere della Sera»: «I ragazzi? Preferiscono tenersi stretto il fine settimana per divertirsi con gli amici. E quando decidono di provarci, lo fanno con l'arroganza di chi si sente arrivato e la pretesa di ricevere compensi importanti. Da subito. Sarò impopolare, ma non ho alcun problema nel dire che lavorare per imparare non significa essere per forza pagati» ha sostenuto il ristoratore. Ed ecco le due argomentazioni più pericolose, ma comunicativamente efficaci, messe insieme una a giustificazione dell'altra. Come dire: siccome i ragazzi sono tutti sfaticati e preferiscono fare la bella vita, anziché lavorare, per dimostrare il contrario a noi magnanimi imprenditori disposti a insegnargli un mestiere, devono essere disposti a lavorare gratis. Fatico a capire il collegamento tra i due concetti e non perché non veda che esistono gli scansafatiche. La domanda è se davvero si possa pensare che il modo per risolvere un problema (che riguarda solo una parte di una categoria, cioè i giovani) sia far lavorare tutti gratuitamente. Innanzitutto, nel caso della ristorazione, è bene ricordare che non tutti hanno l'aspirazione di diventare grandi imprenditori o chef stellati, molti lavorano come camerieri perché hanno bisogno di soldi per mantenere la propria famiglia, altri ci pagano l'università, ed è un mestiere oggettivamente faticoso. Non pagarli durante la formazione (chi decide quanto dura?) sarebbe insostenibile per loro. E in quanti casi un part time diventa un tempo pieno e un tempo pieno un ciclo continuo senza riposi? Oltre alla ristorazione, quanti sono i settori ormai caratterizzati da una proliferazione di contratti irregolari, e di un allargamento a dismisura delle maglie della legge? Perché mai, quindi, i giovani, categoria già di per sé mal pagata, o pagata in nero, dovrebbe lavorare gratis? E, poi, usciamo un secondo dalle solite argomentazioni da privilegiati con la puzza sotto il naso: sono pochi, quelli come Borghese, o come me, che si possono permettere di pesare sulle spalle della famiglia benestante per mesi, o più spesso anni, mentre si formano. Ed ecco che anziché risolvere un problema oggettivo posto dagli imprenditori di vari settori, lo aggraviamo e ne creiamo anche un altro, ben più grande: rendiamo l'accesso ai mestieri elitario.

Peraltro, pensare di non pagare i ragazzi che si affacciano al mondo del lavoro non creerebbe neanche un disincentivo per quelli che «preferiscono prendere i sussidi statali anziché lavorare».

Secondo questa tesi, introdotta nel dibattito pubblico nell'estate del 2021 da Flavio Briatore, proprietario del Billionaire di Porto Cervo e del Twiga di Forte dei Marmi, e ampiamente condivisa dagli imprenditori: i giovani «non hanno voglia di lavorare durante la stagione estiva», non per colpa degli stipendi bassi uniti a condizioni spesso difficili, bensì del reddito di cittadinanza. Briatore propose al governo di sospendere il sussidio durante i mesi del turismo estivo, da maggio a settembre, per incentivare il lavoro stagionale.

La narrazione è continuata per tutto l'anno, tra quotidiani e talk show televisivi, cavalcata dai critici del reddito di cittadinanza come la dimostrazione del loro assunto: il sussidio è uno sperpero di denaro pubblico, aggravato dall'effetto collaterale di disincentivare la ricerca di lavoro da parte dei giovani, oppure, ancor peggio, di alimentare il lavoro nero.

Non si può negare che esistano casi di questo tipo, e che, a volte, si manifestino anche quando il lavoro è ben retribuito. Ho ascoltato tanti racconti di imprenditori da Nord a Sud, sempre più frustrati, tra chi riceveva dimissioni volontarie, richieste di lavorare in nero per mantenere i sussidi, e chi si vedeva rifiutare buone offerte, non solo dai giovani, perché il lavoro di operaio o cameriere è «troppo faticoso».

Ma per risolvere il problema del lavoro giovanile in Italia, lo si deve guardare nella sua interezza, non focalizzarsi su quella parte di cittadini che non ha voglia di lavorare per autoassolversi nei confronti di tutti gli altri. A mio avviso il problema principale sono le retribuzioni basse – tra le più basse d'Europa – a fronte di un costo della vita molto più alto rispetto ai Paesi con salari medi equiparabili o inferiori ai nostri. E il lavoro irregolare.

Nell'autunno, ero ospite al forum Vino & Economia organizzato da Bruno Vespa, nella sua veste di viticoltore, a Manduria, in provincia di Taranto. Durante una delle tavole rotonde, alla presenza del direttore dell'Agenzia delle Entrate, Ernesto Maria Ruffini, e del ministro del Lavoro, Andrea Orlando, Vespa disse che la decisione del governo di togliere i voucher per il lavoro occasionale, unitamente al reddito di cittadinanza, aveva avuto un effetto paradossale: anche nel settore agricolo, era diventato impossibile reperire manodopera. Spiegò, contrariato, che, con l'assegno mensile dello Stato, i giovani riuscivano a portare a casa quasi la stessa cifra che avrebbero guadagnato lavorando quotidianamente tra le vigne; bastava integrare con qualche sabato sera nei locali della costa.

Sono storie vere, gli aneddoti sono ormai infiniti. Ma la generalizzazione rischia di indurre in errore, i dati ufficiali, infatti, raccontano un'altra storia.

Intanto, questi «giovani» beneficiari diretti del reddito di cittadinanza restano una minoranza dei quasi

2 milioni di italiani tra i 25 e i 34 anni che non hanno un lavoro. Se è vero che al Sud e nelle Isole oltre metà dei percettori del sussidio ha meno di 40 anni, al Centro e al Nord l'età media è più alta. Ma soprattutto, i due terzi dei quasi 3 milioni di beneficiari (di cui 1,2 milioni sono famiglie) non sono occupabili perché minori, disabili o persone con difficoltà psichiche.

Come ben descritto dall'economista Andrea Garnero, è vero che durante l'estate 2021, rispetto a prima della pandemia, sono aumentati i posti di lavoro rimasti vacanti (parliamo dell'1,8% del totale) ma spiega Garnero: «Il tasso dei posti vacanti nell'ospitalità [e nella] ristorazione è inferiore a quello pre-crisi. Nelle costruzioni in linea». L'aumento dei posti vacanti è stato altrove: nei servizi alle imprese e nelle attività tecniche e professionali, come per esempio i servizi legali, la contabilità e il marketing. Non le tipiche professioni di chi non ha alternative al reddito di cittadinanza.

Ma guardiamo gli stipendi a cui i camerieri mancati dell'estate 2021 rinunciavano tra lo scandalo generale: i dati ci dicono che un cameriere in Italia guadagna mediamente 1250 euro netti al mese, contro i 2350 euro dei colleghi a Londra e i 3000 euro della Danimarca (certo, il costo della vita è più alto, ma come già detto in Italia non è basso). Ci sono anche le tante testimonianze di giovani lavoratori stagionali pagati 30-40 euro al giorno per turni di 12 ore senza pausa né, ancor peggio, assicurazione. Dopo le affermazioni di

Borghese, ho girato la domanda ai giovani lavoratori attraverso Twitter, senza pretesa di esaustività o di infallibilità del metodo di ricerca, ho ricevuto centinaia di risposte, alcuni mi hanno inviato le foto delle loro buste paga, la maggioranza erano storie di gente volenterosa, bisognosa di lavorare e disposta a sacrificarsi anche per delle paghe infime e condizioni di lavoro difficili, spesso molto diverse da quelle descritte dal contratto (laddove un contratto c'è).

Siamo sicuri che i veri disincentivi non siano questi e non il reddito di cittadinanza, che, pure, ha i suoi macroscopici difetti?

Lo chiedo al ministro Orlando durante un incontro nel suo ufficio al secondo piano del palazzo che ospita il ministero del Lavoro a via Veneto. «Non ho capito perché uno dovrebbe andare a lavorare per 500 euro, fa bene a stare a casa a guardare la televisione: c'è un problema di salari» osserva.

Ammette, però, il ministro che il reddito di cittadinanza, finora, ha funzionato solo «parzialmente come strumento di contrasto alla povertà a causa dei meccanismi distorsivi che non ne hanno consentito la piena efficacia» e, invece, per niente come strumento di politica attiva del lavoro. «Non esiste nessun ordinamento europeo che lega uno strumento di lotta alla povertà alle politiche attive del lavoro» dice Orlando «e se le politiche del lavoro non funzionano, è ovvio che non poteva funzionare neanche il reddito di cittadinanza.»

Ma se il tema principale sono le politiche attive del

lavoro, l'aggravante è che queste sono di competenza regionale. «Funzionano peggio dove il reddito di cittadinanza è più utilizzato, mentre in Veneto, che è una regione governata dalla destra, per esempio, funzionano molto bene.»

Secondo il ministro, che guida la corrente più a sinistra del Partito Democratico, il dibattito sul lavoro non deve trasformarsi in una questione ideologica. «L'ideologia porta fuori strada» osserva «perché in alcuni casi il mercato è così sclerotizzato e legato a modalità postmoderne, funziona con la raccomandazione, con le conoscenze... alla fine non c'è né lo Stato né il privato, perché non esiste un mercato che, di fatto, non ha le condizioni minime per svilupparsi.»

Nell'ambito del Pnrr il governo Draghi ha previsto il programma Garanzia di Occupabilità dei Lavoratori, un insieme di strumenti che si inserisce nella quinta missione del piano europeo, quella sulle politiche del lavoro, e ha come obiettivo la promozione, da qui al 2025, dell'occupazione attraverso il supporto allo sviluppo di nuove competenze dei lavoratori, il potenziamento dei centri per l'impiego, e un rafforzamento del cosiddetto sistema duale, cioè un modello di formazione professionale alternata fra scuola e lavoro.

«Noi, però, abbiamo un grandissimo problema con la rete territoriale che non si è attrezzata» ammonisce il ministro «se non si sblocca, se non si ricostruisce una macchina regionale sarà difficile spendere le risorse europee.»

Aggiunge Orlando: «Vedo un limite nel dibattito corrente, nel sovraccaricare le politiche attive di un ruolo che non possono svolgere, e un'altra componente non trascurabile sono le politiche industriali vista la grande riorganizzazione in corso che, a seconda di come si concluderà, avrà un esisto positivo o meno sull'occupazione».

Si tratta sicuramente di tematiche complesse che richiederanno tempo per essere modificate. Altre questioni, però, come quella dei salari sono molto più semplici, quantomeno lineari.

Gli stipendi dei giovani italiani restano tra i più bassi d'Europa. E secondo l'Osce negli ultimi 30 anni i salari degli italiani si sono abbassati del 2,9%, mentre quelli dei francesi e dei tedeschi sono aumentati del 30%. «Non avere salario minimo e un proliferare di contratti privati produce questo» dice il ministro.

Eppure, la contrarietà all'introduzione del salario minimo, cioè la paga minima che deve essere obbligatoriamente corrisposta a chi lavora, è una delle poche questioni su cui si sono trovati concordi, seppure per ragioni diverse, i sindacati e Confindustria. Mentre questo libro va in stampa il segretario generale della Cgil Maurizio Landini apre all'approvazione del salario minimo entro la fine di questa legislatura.

È comprensibile, d'altra parte, che i rappresentanti dei lavoratori non vogliano perdere il loro potere di contrattazione collettiva e che i datori di lavoro non siano disposti ad accettare un obbligo retributivo senza una diminuzione dei costi a loro carico. Timori forse infondati: un rapporto dell'Istituto Nazionale dell'Analisi delle Politiche Pubbliche, pubblicato sul sito della Camera dei Deputati, mostra che laddove è stato introdotto, il salario minimo si è aggiunto alla contrattazione collettiva, non l'ha sostituita. I diritti dei lavoratori ne sono usciti rafforzati, non il contrario.

«Ci vuole una legge sulla rappresentanza e il salario minimo per i settori non sindacalizzati» dice Orlando. Anche perché la mancanza di questa misura – l'Italia è uno degli unici 4 Paesi dell'Unione Europea in cui il salario minimo non esiste – impatta soprattutto i giovani che, sempre più spesso, restano fuori dalla contrattazione collettiva.

Il caso tedesco è un buon esempio. In Germania, il salario minimo legale è stato introdotto nel 2015. Il parlamento ha fissato per legge una retribuzione minima oraria di 8,5 euro (nel frattempo aumentata di circa un euro) considerando il 48% del salario mediano del lavoro a tempo pieno. Nell'arco di 4 mesi dall'introduzione della misura, il numero di lavoratori pagati meno di 8,5 euro l'ora, o 1440 euro mensili per il tempo pieno, è sceso da 4 milioni a 1,4 milioni. I maggiori beneficiari sono stati proprio i giovani, le donne e i lavoratori meno qualificati.

PROPOSTA: Si fissi un salario minimo orario a 9 euro e lo si applichi a tutti i lavoratori e a tutte le forme di lavoro, incluse quelle atipiche e precarie, in modo da offrire una tutela minima a tutti quei lavoratori esclusi dai contratti collettivi nazionali. Si aiutino, però, anche le imprese a far fronte a un aumento di costi stimato attorno ai 7 miliardi di euro.

Così facendo, verrebbe superato anche il fenomeno del lavoro gratuito (come gli stage e tirocini extracurriculari non retribuiti) e verrebbero garantite condizioni economiche più accettabili ai precari, e ai lavoratori sottopagati che sono spesso donne.

L'aspetto più delicato riguarda il supporto alle imprese: occorre evitare che l'introduzione del salario minimo legale si traduca in una diminuzione dei posti di lavoro o vada a gravare negativamente sui bilanci delle aziende. Si può evitare, per esempio, attraverso un significativo taglio del cuneo fiscale (oltre le previsioni della legge di bilancio 2022) che nel nostro Paese è di 5 punti percentuali superiore alla media europea e di 11 punti maggiore rispetto alla media Osce.

Raccolgo anche una proposta, di cui si dibatte molto tra i giovani, che non richiede grandi investimenti e cioè l'obbligo di pubblicare la retribuzione annua lorda (Ral) proposta insieme con l'offerta di lavoro. Basterebbe indicare una forchetta retributiva da applicarsi in base alle competenze e all'esperienza del lavoratore, che possa fungere da riscontro e tutela per il lavoratore in sede di colloquio e di stipula del contratto. Anche senza un meccanismo sanzionatorio, la previsione rafforzerebbe il dibattito pubblico sul tema delle basse retribuzioni e degli abusi, contribuirebbe a creare pressione sui decisori affinché intervengano per correggere le storture e sanzionare l'illegalità. Si tradurrebbe anche in una questione reputazionale – come è stato per quelle ambientali e di genere – per gli imprenditori, che quindi dovranno prestare maggiore attenzione a questi aspetti.

La politica acchiappavoti boicotta il lavoro

Chi punta il dito contro il reddito di cittadinanza per spiegare i problemi del mercato del lavoro italiano probabilmente lo sta puntando nella direzione sbagliata. Ma questo non significa che sia una misura pensata bene. Sembra disegnata più che altro per acchiappare i voti dei destinatari, prevalentemente famiglie e single del Sud e del Mezzogiorno, roccaforti, nel 2018, del Movimento 5 Stelle.

Una misura di sostegno al reddito da parte dello Stato è sacrosanta, e quelle pensate prima del reddito di cittadinanza, come, per esempio, il reddito di inclusione, si sono dimostrate insufficienti per rispondere alle esigenze di una società impoverita e caratterizzata da un aumento delle disuguaglianze. È sempre bene ricordare che il reddito di cittadinanza è rivolto a famiglie povere, con redditi quasi nulli o molto bassi.

Sta di fatto che è ormai riconosciuto che non si tratti di una politica attiva del lavoro. Oltre alla questione legata all'inoccupabilità della maggioranza dei percettori, il meccanismo di incrocio tra domanda e offerta, inclusi i centri per l'impiego e i cosiddetti *navigator*, si è rivelato – come prevedibile – un gigantesco specchietto per le allodole e il sussidio è stato riformato.

Un aspetto, però, è rimasto invariato: le cifre non sono commisurate alle realtà in cui l'assegno viene percepito. Infatti, l'ammontare medio per i single, 448 euro, è in alcuni casi vicino alla retribuzione media di un lavoratore di call center o pari alla metà di quello di un operaio o una segretaria. Per esempio, a Napoli, città in cui i beneficiari del reddito di cittadinanza sono più che in tutto il Piemonte e la Lombardia, la retribuzione media mensile di chi lavora in un call center è di 662,50 euro, a Bari è di 589 euro e a Palermo di 583 euro. Chi svolge incarichi di segreteria guadagna 858 euro a Napoli e 738 euro a Palermo, mentre un cameriere, in quelle città, a fine mese porterà a casa, mediamente, 941 euro. (Capite l'urgenza dell'introduzione del salario minimo?)

Alla luce di questi dati, ha del tutto ragione chi dice che a un giovane pigro del Sud conviene incassare l'assegno dallo Stato e poi fare qualche lavoretto saltuario in nero. Ma i giovani pigri (e anche i meno giovani cialtroni, se è per questo) sono un comodo alibi: la maggior parte delle persone vuole lavorare, a patto di ricevere retribuzioni dignitose.

In Gran Bretagna esiste una misura a tempo di supporto al reddito per chi cerca lavoro (simile, quindi, al reddito di cittadinanza). Requisito fondamentale, l'occupabilità. Importo massimo del sussidio, 320 sterline al mese per i lavoratori di età superiore a 25 anni, meno ancora per i più giovani. Sono cifre ben lontane dagli stipendi minimi, che non scoraggiano la ricerca di un lavoro regolare.

La soluzione, quindi, non è tagliare una misura di contrasto alla povertà, ma ridimensionarla nel costo a carico dello Stato (15 miliardi in 3 anni di debito pubblico in più) e nelle aspettative.

Non si vede per quale ragione lo Stato dovrebbe elargire sussidi, che rischiano di diventare perpetui, con un valore in alcuni casi maggiore degli stipendi di un lavoratore. Vanno nella giusta direzione, a mio avviso, le modifiche al sussidio apportate dal governo Draghi, inclusi i paletti legati agli eventuali rifiuti, ma l'impianto può essere migliorato.

PROPOSTA: Tra le criticità evidenziate dalla commissione presieduta dalla sociologa Chiara Saraceno c'era anche quella che il sussidio favoriva i single, rispetto alle famiglie numerose con figli minori a carico e non prendeva in considerazione le indicazioni dell'Istat sulla variazione delle soglie di povertà in base al comune di residenza (esempio: la vita a Milano è più cara rispetto a Catania). Oltre a prendere in considerazione questi aspetti, per la parte di percettori occupabili, si commisuri l'ammontare dell'assegno a una percentuale, intorno al 30%, del salario medio percepito dai lavoratori di quella regione. Si riveda anche il meccanismo di decurtazione del sussidio dopo il primo rifiuto di un'offerta di lavoro (attualmente pari a 5 euro al mese, cifra risibile per chi prende il sussidio ma non vuole lavorare) e si introduca un limite al numero di rinnovi possibili (dopo 36 mesi basta presentare una nuova domanda per continuare a percepire il sussidio). Sono tutte modifiche che andrebbero a incidere unicamente sulle persone occupabili in modo da non rendere il sussidio un vero e proprio disincentivo al lavoro.

Dote e corredo

Quando nel 2006, studentessa Erasmus ventenne, arrivai a Strasburgo per studiare diritto europeo e internazionale alla facoltà di giurisprudenza dell'Università Robert Schuman, affittai un piccolo monolocale, appena 15 metri quadrati, nel centro storico della città. Dopo un paio di mesi mi furono accreditate alcune centinaia di euro sul conto in banca. Era il contributo mensile al mio affitto da parte dello Stato francese, la *Aide Personnalisé au Logement*. Vi hanno diritto tutti coloro che si trovano in Francia anche per brevi periodi di studio o stage e dispongono di un contratto di affitto oltre che di un basso reddito.

Se in Italia esistesse una misura analoga, seppure limitata ai giovani residenti nel Paese e con famiglie d'origine con redditi medi e bassi, credo che in molti di più lascerebbero la casa dei genitori e proverebbero, attraverso lo studio e il lavoro, a rendersi indipendenti. Vincolare il sussidio all'esistenza di un contratto d'affitto aiuterebbe anche a far emergere l'evasione sulle rendite.

In Italia, invece, si parla della dote ai diciottenni. Una misura simile alla proposta lanciata qualche anno fa dal Forum per le Disuguaglianze di Fabrizio Barca e fatta propria da Enrico Letta, il segretario del Partito Democratico che ha fatto sue alcune battaglie delle nuove generazioni grazie all'influenza che queste hanno avuto su di lui durante la sua esperienza di docente a Sciences Po a Parigi.

La metà dei giovani italiani, sulla base del reddito delle famiglie d'origine, al compimento della maggiore età si troverebbe 10.000 euro a disposizione per gli studi, il lavoro e la casa. Letta l'ha definita una proposta di «equità e giustizia sociale» per supportare «la generazione più in crisi». La dote verrebbe finanziata con un aumento della tassa di successione per l'1% della popolazione italiana, cioè quei pochi che ereditano patrimoni sopra i 5 milioni di euro.

Un aumento della tassa di successione per i super ricchi non è una proposta scandalosa. La tassa di successione esiste nella maggior parte delle economie del G7 e rientra in un discorso di proporzionalità della tassazione. Non è, peraltro, una misura che porta chissà quanti miliardi alle casse degli Stati che la prevedono. Ma il punto non è questo.

Così come accade con il sostegno al reddito, il rischio dell'ideologia è dietro l'angolo, con il messaggio sul dovere dei ricchi di «restituire» ai poveri. Un concetto che ribalta la leggenda di Robin Hood: sarebbero i ricchi ad aver rubato ai poveri a cui quindi dovrebbero «restituire» qualcosa, con la tassa di successione. Un concetto pericolosissimo da lasciar filtrare tra la popolazione in un Paese dove le disuguaglianze si fanno sempre più marcate, senza contare la fase storica in cui la pandemia ha contribuito ad aumentare la povertà, la disoccupazione e il malessere sociale.

Da anni questi sentimenti di ingiustizia e rivalsa, fomentati dai leader populisti, hanno alimentato la rabbia sociale, i «Vaffa», il razzismo e in alcuni casi la violenza. A cosa serve soffiare sul fuoco in un momento tanto particolare quanto difficile della storia di questo Paese? E perché alimentare ulteriori spaccature tra nuove e vecchie generazioni? C'è anche un altro elemento, meno filosofico, che, penso, non vada sottovalutato. Da che mondo è mondo, di fronte all'aumento delle tasse, i super ricchi, come le imprese, trovano sempre soluzioni alternative per pagare di meno (quante aziende italiane hanno spostato la sede legale in Olanda, per esempio, negli ultimi anni?). Non impiegherebbero molto a spostare i beni e la residenza fiscale altrove per aggirare la tassa prevista. Quanto resterebbe di quei 2,8 miliardi di euro l'anno previsti e necessari a finanziare la dote ai diciottenni?

Inoltre, siamo davvero sicuri che la misura centrerebbe lo scopo? Io non lo sono per niente.

Mila Spicola, insegnante e pedagogista, ha scritto sull'Huffington Post che «politiche post redistributive come quella di mettere in tasca soldi, invece di costruire i servizi essenziali oggi mancanti all'interno di un percorso sistemico e strutturato di educazione e formazione, sono forme di monetizzazione dello Stato Sociale, tendono più che ad arricchirlo a sostituirlo, e lo sfaldano, senza risolvere il problema della disuguaglianza, che anzi rischia di peggiorare. È la storia del Sud. La conosco bene, è la mia storia».

Spicola solleva argomenti importanti. In un Paese con l'ascensore sociale perennemente fuori servizio, 10.000 euro non basterebbero ai figli delle famiglie meno abbienti per garantirsi un percorso universitario completo, né sarebbero sufficienti per buttarsi in iniziative imprenditoriali – che, a 18 anni, senza formazione o competenze specifiche, ben difficilmente avrebbero comunque successo – e non servono certamente a pagarsi un affitto a lungo termine, men che mai un mutuo, in mancanza di un lavoro.

Ilenia Ceci, studentessa emiliana a Torino, mi racconta che, come la maggior parte di noi, ha capito il valore del denaro quando ha iniziato a lavorare; faceva la cameriera per mantenersi agli studi. «Prima spendevo tutta la paghetta che mi veniva data da mia mamma» dice «una dote a 18 anni non sarebbe molto educativa.» Sottolinea anche come schiere di giovani laureati, le cui famiglie hanno investito somme importanti per mantenerli all'università, beneficerebbero ben più dei maturandi di 10.000 euro, che potrebbero servire nel complicato passaggio al mondo del lavoro. «Per esempio, potrebbe essere un contributo alle spese per effettuare un'esperienza professionale in un'altra città dopo la laurea» suggerisce.

Senza contare, e non è un dettaglio, che lo Stato si troverebbe a dover controllare l'effettivo utilizzo che viene fatto della dote da parte dei diciottenni. Quando trova già abbastanza difficile vigilare sul bonus cultura, per cifre ben meno impegnative.

Gli svogliati esistono e sono sempre esistiti. Quel che è cambiato è il tessuto economico e sociale del Paese. Non possiamo più fare debito a dismisura, finanziare le aziende private con soldi pubblici, non ci sono più i capitali delle grandi famiglie italiane che una volta (anche grazie ai sussidi) investivano somme massicce di denaro nei territori, anche quelli più svantaggiati, creando aziende e lavoro. Le grandi aziende non sono più statali e la competizione è diventata globale. Oggi le giovani generazioni hanno, paradossalmente, tutto più a portata di mano: la moda, la tecnologia, i viaggi, i ristoranti, anche se low cost; la scuola e l'università non sono più appannaggio delle sole famiglie benestanti; la maggior parte degli italiani vive in una casa di proprietà e molti possono appoggiarsi sui nonni e sui genitori per far fronte ai costi.

D'altro canto, però, quella traiettoria di futuro, l'indipendenza economica data dalla stabilità lavorativa, che per i loro – per i nostri – genitori è stata possibile anche senza laurea, senza parlare altre lingue, senza aver viaggiato, anche essendo mediocri, non esiste più.

Bene hanno fatto i giovani economisti del think tank Tortuga a scrivere nel loro libro-manifesto intitolato *Ci pensiamo noi*: «Vogliamo un'Italia dei redditi e non delle rendite, della cooperazione e non della contrarietà, un'Italia delle opportunità, non degli opportunisti».

Il ruolo dello Stato, a mio avviso, non è quello di continuare a indorare la pillola attraverso bonus e sussidi vari che finiscono soltanto per drogare il sistema. Bensì di aiutare i cittadini a guardare in faccia la realtà di un mondo che cambia, inesorabilmente, e che non può più essere quello degli anni Settanta e dello Statuto dei Lavoratori. Deve porsi come obiettivo quello di permettere ai giovani di crearsi le basi necessarie a camminare sulle proprie gambe, non su quelle dei genitori o dello stesso Stato.

PROPOSTA: Si investa la stessa cifra prevista per la dote ai diciottenni, finanziata con la tassa sulle eredità dei super ricchi, ma anche con i fondi del Pnrr, in due misure. La prima: si esonerino dalle tasse universitarie (per tutto il quinquennio) i giovani provenienti da famiglie con un reddito annuo complessivo entro i 50.000 euro, e con voto di maturità superiore a 85/100, che si iscrivono alle facoltà Stem, cioè scienze, tecnologia, ingegneria e matematica (prevedendo un meccanismo di revoca e restituzione del contributo in caso gli studi vengano abbandonati o non proseguano nei tempi dovuti). Sono tra le lauree più richieste dalle aziende e, in prospettiva, saranno le più utili a rispondere ai cambiamenti che la transizione ecologica e digitale imporrà al mondo del lavoro. La seconda: si offra un contributo per l'affitto di 5000 euro ai neolaureati di tutte le facoltà che ricevono un'offerta di lavoro in una città diversa dalla loro. Non soldi a pioggia, ma investimenti mirati da parte dello Stato, che avrebbero diversi effetti positivi. Innanzitutto, premiare il merito dei giovani studenti e laureati. Poi, incentivarli a iscriversi a facoltà che, ancora oggi, risultano poco attrattive nonostante le ottime prospettive occupazionali (anche per tamponare l'inevitabile emergenza futura di un'Italia priva di figure professionali con le giuste competenze per affrontare le transizioni in corso). Infine, evitare che neolaureati con pochi mezzi debbano rinunciare per ragioni di costi a offerte di lavoro che potrebbero portare a buone carriere (parlo sempre, e in ogni caso, di offerte dignitose, non dei tirocini gratuiti).

7
Andate a lavorare!

«Nel trattato di Villerbosa il governo rivoluzionario dei Giovani concesse ai Vecchi, in cambio della consegna delle armi e di una cospicua quota delle ricchezze favolose accumulate nel precedente regime, di ritirarsi in grandi riserve in riva al mare, nella fascia temperata del pianeta. Drasticamente ridotti di numero, i Vecchi accettarono infine la loro sorte e i Giovani ebbero il modo di riformare la società secondo i loro costumi e le loro aspirazioni.»

Un'epopea bellica che nel 2055, secondo l'autore de *Gli Sdraiati* Michele Serra, vedrà scontrarsi vecchi resistenti e risoluti con i pochi e sonnacchiosi giovani, incluso suo figlio, all'epoca della scrittura diciottenne.

Scrive Serra: «Eri sdraiato sul divano, dentro un accrocco spiegazzato di cuscini e briciole. Annoto con zelo scientifico, e nessun ricamo letterario. Sopra la pancia tenevi appoggiato il computer acceso. Con la mano destra digitavi qualcosa sullo smartphone. La sinistra, semi-inerte, reggeva con due dita, per un lembo, un lacero testo di chimica, a evitare che sprofondasse per sempre nella tenebrosa intercapedine tra lo schienale e i cuscini, laddove una volta ritrovai anche un würstel crudo, uno dei tuoi alimenti prediletti. La televisione era accesa, a volume altissimo, su una serie americana nella quale due fratelli obesi, con un lessico rudimentale, spiegavano come si bonifica una villetta dai ratti. Alle orecchie tenevi le cuffiette, collegate all'iPod occultato in qualche anfratto: è possibile, dunque, che tu stessi anche ascoltando musica».

Gli sdraiati, i ventenni di oggi, e i loro fratelli maggiori, cioè noi trentenni, continuano a cercare un posto nella società, a partire dal mondo del lavoro, tra appellativi che vanno dal *choosy* al «bamboccione» e passano per un disagio reale e spesso profondo. Siamo ormai incapaci di comunicare con chi ci ha preceduti nella categoria dei «giovani». Restiamo sospesi tra un tempo che è stato, e che sentiamo – a volte – rimpiangere dai nostri genitori, e quel che sarà, di cui, però, non ci fidiamo più di tanto.

«Non sopporto i boomer soprattutto quando ti fanno la paternale, questo è un mondo completamente diverso rispetto a quello in cui sono diventati adulti loro» dice Aldo Sciara, attivista politico e studente di giurisprudenza ventenne. «È tutto scomparso di quel mondo, l'unica cosa buona che era scomparsa e che ora è ricomparsa, all'improvviso, era l'angoscia di una guerra nucleare» aggiunge.

L'ho contattato dopo che mi aveva zittita su Twitter scrivendo in un commento a una mia affermazione che non avrei dovuto parlare di lavoro io che, in fondo, sono una «garantita». Gli ho chiesto il perché di quella reazione e ho cercato di capire meglio il suo punto di vista, quello di una generazione che non è la mia, per quanto i più anziani ci categorizzino tutti come «giovani».

Sciara dice di essere fortunato perché, a differenza di tanti suoi amici, i genitori sono riusciti a pagargli gli studi. «Conosco ragazzi che devono lavorare per mantenersi agli studi, studiano, lavorano, coltivano relazioni sociali, perché poi c'è anche quello, cioè la percezione che hanno gli altri di te, mentre molti boomer hanno avuto il lavoro garantito a 18 anni.» È vero che i boomer hanno avuto più facilità a trovare un lavoro sicuro, ma probabilmente è vero anche che una volta, più di adesso che il liceo e l'università sono accessibili praticamente a tutti, c'erano più giovani che dovevano lavorare per mantenersi agli studi. E meno famiglie che potevano permettersi di mantenere i figli fino a tarda età elargendo paghette sufficienti per andare, per esempio, in pizzeria il sabato sera. Famiglie numerose in cui poteva proseguire gli studi soltanto il primogenito maschio, oppure in cui la motivazione era più forte delle limitazioni economiche e giovani studenti e studentesse facevano enormi sacrifici, anche umili, pur di mantenersi all'università. È stato così anche per mia madre.

La percezione di un ventenne come Sciara, però, è comprensibile. Il fatto è che lui, come tanti della sua generazione, considera un contratto a tempo indeterminato «un miraggio» e questo, inevitabilmente, provoca uno scontro, anche sociale, tra generazioni, come diceva il vecchio Confalonieri. A noi Millennial è andata sicuramente un po' meglio, ma non tanto. Questo resta un Paese in cui la gioventù viene diluita nel tempo, dove le decisioni importanti della vita si compiono più tardi rispetto alle altre economie avanzate. E il più delle volte non è una scelta.

«Parti dal tirocinio, poi passi al tempo determinato e poi, forse, dopo 10 anni riesci ad avere un contratto a tempo indeterminato» osserva Sciara. «Però, nel frattempo non sei riuscito a costruire nulla... perché non puoi basare la tua vita sul tempo determinato.»

C'è rabbia, c'è sfiducia nelle istituzioni da parte dei giovani, eppure non sembra esserci un'arrendevolezza generalizzata. «La mia generazione è più contraria della tua ai sussidi, al reddito di cittadinanza» aggiunge. «Io non ho una comitiva di ricchi, e molti di quelli che qui in Sicilia fanno i bagnini o i camerieri sono contrari... percepire un sussidio verrebbe visto quasi come un'onta» spiega e sottolinea che i suoi amici, come tanti della loro generazione, puntano più sul successo e sulla realizzazione di sé stessi, come singoli, che sulla collettività. Quell'approccio liberale di cui parlava Stefano Feltri: «È una generazione più concentrata su sé stessa, che tende a rifiutare l'aiuto esterno, che si focalizza sui temi anziché sulle ideologie... se parlo ai miei amici di socialdemocrazia o di liberismo non capiscono; invece, abbiamo discusso per ore di temi come salario minimo o reddito di cittadinanza».

Sono nati in un mondo in cui le ideologie erano già morte e la tecnologia iniziava a prendere il sopravvento, come sottolinea il passaggio del romanzo di Serra. La mia generazione è nata nel mondo in cui tra la caduta del muro di Berlino, tangentopoli e l'inizio del Berlusconismo le ideologie si stavano sgretolando e la tecnologia, sotto forma di cellulari e personal computer, cominciava a diffondersi. Sono mondi molto distanti da quelli in cui sono nate le generazioni dei nostri genitori.

Non so se siamo migliori o peggiori. Ma so per certo che i nostri genitori non si possono esonerare dalla responsabilità di come sono andate le cose. Neanche quella parte di loro che hanno figli sdraiati. Non è sempre e solo colpa dello Stato.

E penso che essere nativi digitali, meno ideologici e più individualisti, non significa che un'intera generazione si possa definire lobotomizzata, disimpegnata o impigrita. Scandalizzarsi ogni volta che esce un sondaggio che racconta come tanti giovani non accetterebbero un lavoro meno retribuito del reddito di cittadinanza, per esempio, è un'ipocrisia assoluta. Del resto, il solo fatto che ci siano datori di lavoro convinti di poter pagare meno (oppure impossibilitati a pagare di più) di quel che lo Stato considera un sussidio appena sufficiente per sopravvivere è una stortura del sistema.

E poi, perché si ignorano tutti quelli che, invece, sarebbero disposti ad accettare un lavoro anche mal pagato pur di lavorare? L'anno scorso un sondaggio di Proger Index Research, intitolato *Giovani e futuro* ha rivelato che il 24,6% delle persone tra 25 e 34 anni accetterebbe un lavoro con una retribuzione uguale o inferiore al reddito di cittadinanza, senza se e senza ma. Il 38,4%, invece, lo accetterebbe «ma solo per fare curriculum». Significa che il 63% ha risposto sì, in modo più o meno sfumato. Ma la narrazione si è concentrata sul 31% che ha risposto «no».

È ipocrita ignorare il fatto che la maggior parte dei giovani vorrebbe lavorare, ma spesso un lavoro non riesce a trovarlo. Ed è ridicolo scandalizzarsi perché, generalmente, un laureato in legge, in lingue o in scienze politiche non vuole fare il cameriere a 30 anni. È troppo facile da parte di una generazione per la quale l'università non era a portata di tutti, ma con una laurea c'era lavoro per tutti, dire ai giovani di oggi di accontentarsi, e di «andare a lavorare».

È proprio quella generazione che dovrebbe chiedersi se, forse, non sia stato un errore trasformare l'idea di frequentare il liceo e conseguire una laurea, qualsiasi, in una forma di riscatto sociale salvo, poi, tornare al punto di partenza, magari da laureato.

L'imprenditore e co-fondatore di Fratelli d'Italia, Guido Crosetto, dice, provocatoriamente, che se chiamassimo le scuole professionali «licei industriali» si avrebbero molti più iscritti, così «la mamma può dire al mercato che il figlio fa il liceo». Dice anche che abbiamo professori universitari che «se la tirano, mentre dovremmo riconoscere che la loro professione ha la stessa dignità di quella di un idraulico». Racconta di aver pagato un capo magazzino nella sua azienda 4500 euro al mese perché gestiva un magazzino con milioni di euro di merci. Mi torna in mente l'imprenditore brianzolo che non riusciva a trovare un litografo per 3000 euro al mese.

«Abbiamo creato dei meccanismi mentali per cui esiste una nobiltà del lavoro» osserva Crosetto «invece negli Stati Uniti la nobiltà te la dà quanto guadagni.» In Italia non è infrequente considerare una professione sociale o intellettuale più «nobile», per esempio, di una professione tecnica o manuale, nonostante capiti spesso che queste ultime siano meglio retribuite.

Mi sono confrontata spesso, in questi mesi, con ragazzi più o meno giovani che legavano uno status sociale a una professione piuttosto che a un'altra e che in alcuni casi sembravano essere spinti in una direzione, piuttosto che in un'altra (magari più confacente alle proprie inclinazioni e capacità) perché, sulla carta, il mestiere del giornalista, per esempio, è più «nobile» di quello del fabbro o del litografo. Peccato che in questo momento storico sia più probabile che un giovane possa fare carriera e guadagnare bene come fabbro o come litografo che non come giornalista (racconterò la mia esperienza nel prossimo capitolo). Basti considerare che quest'anno la cassa pensionistica dei giornalisti italiani, Inpgi, è rovinosamente confluita nell'Inps perché aveva troppe pensioni da pagare e queste non erano più bilanciate dalle nuove contribuzioni, mentre sempre più aziende ci dicono che sono alla disperata ricerca di professionisti, che sono disposte a pagare bene, ma che non riescono a trovare.

Nella mia esperienza è vero anche quello che dice Crosetto degli Stati Uniti. Mi torna in mente quando a 14 anni, in occasione del 4 luglio, la festa dell'Indipendenza, fummo invitati dall'artigiano che ci aveva imbiancato l'appartamento a Manhattan, figlio di pescatori di Gela, immigrato in America negli anni Sessanta, a casa sua a Long Island. Fummo accolti dalla sua numerosa famiglia in una magione con un porticciolo privato dove era attraccata una barca a motore, chiamata *Dad's dream boat*, la barca dei sogni di papà.

Gli anni Sessanta erano altri tempi, anche in America, ma quella percezione del lavoro, qualsiasi lavoro, come strumento per arricchire sé stessi e la propria famiglia, per offrire opportunità crescenti ai propri figli, non è svanita. Gli americani non sono un popolo con una cultura superiore alla nostra, sono, però, un popolo generalmente più ricco e meno disoccupato. (Gli scontri e le divisioni politiche e sociali di questi anni traggono origine proprio dall'impoverimento della società americana, dalla percepita perdita del proprio status quo, che si tratti di quello economico, lavorativo o sociale, che molti attribuiscono alla globalizzazione e alle politiche «globaliste» perseguite sia dai repubblicani che dai democratici negli ultimi decenni.)

Se iniziassimo a far capire ai giovani italiani che non si deve per forza andare all'università e che non si devono per forza scegliere le stesse tre facoltà umanistiche che spalancavano le porte del mondo del lavoro e del riscatto sociale ai nostri genitori, probabilmente faremmo un buon servizio sia ai ragazzi che al mondo delle imprese e, non ultimo, allo Stato.

Dopodiché, per carità, esiste una fetta di giovani che non ha voglia di fare niente a prescindere, che se ne sta sdraiata col suo iPhone in mano, come racconta Marta De Vivo, classe 2001, blogger di Huffington Post. Esorta da un lato a non fare sconti alla sua generazione, a tratti pigra, senza stimoli e priva di determinazione: «Esistono ragazzi che, semplicemente, non hanno quella "fame di arrivare" di cui tanto si parla, e bisogna prenderne atto». D'altro canto, invita anche a non generalizzare: «I giovani non sono tutti uguali, c'è chi ha voglia di fare e chi non ne ha. Dobbiamo pensare a chi vuole mettersi in gioco ma non ne ha le possibilità, e sono tanti i ragazzi così, che hanno la volontà di sporcarsi le mani, e non hanno bisogno di sussidi ma di opportunità».

Lei si dichiara fortunata per le opportunità che le sono state offerte dalla sua famiglia d'origine, ma riconosce che non dovrebbero essere solo i figli di famiglie benestanti, che come lei sono nati e cresciuti in una parte del Paese ricca e produttiva, il Veneto, a vedersi offerta la possibilità di emergere. «Dobbiamo restituire a questi ragazzi la dimensione del sogno e una prospettiva di futuro» conclude.

50 sfumature di lavoro

Tra i vari aggettivi con cui sono stati descritti i giovani in questi anni c'è stato anche il termine «sfigati» rivolto agli universitari quasi trentenni fuori corso dall'ex viceministro del Lavoro Michel Martone nel 2012.

«Dobbiamo iniziare a dare nuovi messaggi culturali: dobbiamo dire ai nostri giovani che se non sei ancora laureato a 28 anni sei uno sfigato, se decidi di fare un istituto professionale sei bravo e che essere secchioni è bello, perché vuol dire che almeno hai fatto qualcosa» disse Martone nella sua prima criticatissima uscita pubblica come viceministro durante il governo Monti.

Qualche anno prima Martone, divenuto ordinario di diritto del lavoro a soli 33 anni, era stato il mio professore all'università e relatore della mia tesi su *L'inserimento dei giovani nel mondo del lavoro*.

Era da poco stata introdotta la legge Biagi, seguita alla legge Treu della fine degli anni Novanta. La legge Biagi, che prende il nome dal giurista ucciso dalle nuove Brigate Rosse nel 2002, un anno prima della sua entrata in vigore, era ispirata a una maggiore flessibilità dei contratti di lavoro. Nell'idea originaria avrebbe dovuto rafforzare anche il sistema di protezione per chi passava da un impiego a un altro.

La disoccupazione giovanile era già alta, nel 2006 era uscito il romanzo di Alessandro Rimassa, *Generazione Mille Euro*, ispirato da un'inchiesta apparsa sul quotidiano spagnolo «El País». E la crisi economica stava per esplodere.

La questione mi attanagliava. Io, che a 20 anni ero praticamente una straniera nel mio Paese, ero tornata e volevo restare. Ma non volevo studiare fino a 25 anni, per poi ritrovarmi disoccupata, continuare a essere mantenuta dai miei genitori, o peggio finire per dover cercare una raccomandazione (questi potenziali scenari, che vivevo come disastrosi e disonorevoli, erano di fatto fortune, lussi. E questa è un'altra stortura del sistema). I miei amici americani, quando io stavo completando la triennale, iniziavano a lavorare, si sposavano, alcuni facevano figli e accendevano mutui.

La mia tesi analizzava il se e come la modifica dello Statuto dei Lavoratori, nel senso della flessibilità, avesse agevolato l'inserimento dei giovani nel mondo del lavoro.

Una fetta di opinione pubblica e di politici riteneva la riforma inadeguata principalmente perché, di fatto, riduceva diritti e tutele dei lavoratori e le possibilità di intervento della magistratura nelle questioni contrattuali. Per i suoi sostenitori, di contro, la riforma aumentava la flessibilità in ingresso, permetteva di andare incontro alle esigenze di un mercato del lavoro eterogeneo e globalizzato, e avrebbe prodotto, tra le altre cose, un aumento del tasso di occupazione.

Sicuramente, i primi anni di attuazione della legge Biagi hanno visto una generale riduzione del tasso di disoccupazione e le aziende che scelsero di introdurre le nuove tipologie contrattuali per le assunzioni beneficiarono di sconti contributivi e fiscali e di un maggior ricambio del personale.

Ma a che punto siamo, 20 anni dopo?

In Italia prevalgono ancora le piccole e medie imprese che, inevitabilmente, non hanno spalle abbastanza larghe – soprattutto dopo un decennio di crisi – per svolgere un ruolo sociale volto anche alla formazione, attraverso i tirocini, che segua chi entra in azienda dall'inserimento e nella crescita professionale.

Il sistema fiscale e la burocrazia non sembrano funzionare granché bene neanche per le aziende più grandi e solide che molto spesso decidono di investire altrove, ritenendo eccessivo il costo del lavoro.

«Il problema principale è diventato il confronto» sostiene Crosetto. «Non puoi permetterti di avere un livello di costo del lavoro più alto di quello spagnolo, francese, tedesco, abbinato a una produttività inferiore perché alla fine muori; a parità di costo del lavoro, il lavoratore si porta a casa una busta paga notevolmente inferiore, i lavoratori non sono contenti e l'azienda è meno competitiva.»

Secondo Crosetto non esiste altra nazione con un *humus* tanto negativo nei confronti delle aziende. Da un lato, è difficile comprendere le regole imposte dallo Stato, e gli imprenditori vivono nell'incertezza di aver rispettato tutte le regole fiscali, burocratiche e di sicurezza; dall'altro ci sono persone che cercano sempre di sfruttare le regole a proprio favore. «C'è gente che ha utilizzato la flessibilità come ricatto sul lavoratore» chiosa. Mentre la flessibilità, a suo dire, serve per permettere alle aziende di superare i momenti di crisi e al contempo permettere al lavoratore di continuare a mantenere la propria famiglia.

«Non esistono vasi comunicanti in Italia, un'uscita e un atterraggio morbido, gli ammortizzatori sociali devono essere proporzionati al reddito effettivo della persona» argomenta Crosetto. «Va costruito un meccanismo per il quale la flessibilità non diventi un inferno per chi la subisce. Va costruita un'accettabilità sociale della flessibilità.»

Ma rendere la flessibilità socialmente accettabile significa non abusarne. In questo senso, il dato culturale non può essere ignorato e neppure i doveri dello Stato. Non basta fare le leggi se poi sono difficili da applicare o facili da violare. Occorrono paletti precisi entro i quali la flessibilità può essere esercitata, serve un monitoraggio da parte dello Stato attraverso il controllo capillare delle comunicazioni fatte da parte delle aziende, e sanzioni in caso di violazione. Un esempio più che mai attuale: i tirocini non portano alla costituzione di un vero e proprio rapporto di lavoro e quindi esonerano il datore di lavoro dalla retribuzione ma lo investono di una responsabilità formativa, non possono continuare a essere usati come modalità per risparmiare.

In questi anni abbiamo visto un fiorire di tirocini nei supermercati, alle pompe di benzina, nei negozi. Così come fioccano annunci in cui si offrono tirocini a persone a cui si richiede un'esperienza lavorativa di qualche anno. «Vuol dire abusare dello strumento» nota Eleonora Voltolina, fondatrice della testata online «Repubblica degli Stagisti», le cui istanze sono state raccolte nella proposta di legge Ungaro che vorrebbe introdurre una indennità minima mensile anche per i tirocini curricolari e ridurne la durata dagli attuali 12 mesi a 3 per mansioni manuali o esecutive, e 6 in tutti gli altri casi. «Esiste un'Italia a due velocità, c'è un Paese con un mercato del lavoro vivo, aziende competitive sui mercati internazionali che cercano talenti, offrono buone retribuzioni per averli, e investono sia per formarli che per trattenerli. Questa è la cima della piramide, che va a velocità europea – spiega – poi c'è la base della piramide: aziende rimaste indietro, che arrancano, che sopravvivono tagliando sul costo del lavoro... Si crea un circolo vizioso in cui si cerca di dare il meno possibile ai dipendenti, si abbassa l'inquadramento e quindi la retribuzione, se possibile si fa un contratto parasubordinato o finto-autonomo. E poi c'è il massimo della convenienza, il tirocinio, appena un gradino sopra al lavoro nero: non si pagano i contributi... l'indennità mensile minima è obbligatoria solo se il tirocinio è extracurricolare.»

Si cercano competenze e disponibilità a tempo pieno ma si offrono tirocini, a ripetizione. Oppure retribuzioni basse e a partita Iva.

A marzo di quest'anno è stato pubblicato un bando per un collaboratore con funzioni di social media manager del Corpo di Polizia locale e del Gruppo Comunale di Protezione Civile di Como con una base d'asta di retribuzione annua di 16.000 euro + Iva; veniva richiesto l'aggiornamento quotidiano dei social, con disponibilità h24, 365 giorni l'anno.

Personalmente, faccio fatica a credere che tali offerte siano considerate legali in una nazione del G7 e che possano essere promosse anche da enti pubblici.

«Io mi batto per cambiare le leggi perché sono fondamentali in questo settore, ma non si può risolvere tutto con la legge, serve anche un cambio di mentalità» dice Voltolina, e fa l'esempio della Regione Toscana (la disciplina dei tirocini è di competenza regionale) che ha provato a vietare di fare più di un tirocinio per la stessa mansione, anche in posti di lavoro diversi. La disposizione viene spesso aggirata modificando la descrizione della mansione. «E poi si deve riuscire a creare una cultura in cui ci sono le persone a non candidarsi quando per esempio si chiedono 3 anni di esperienza e si offre un tirocinio a 500 euro» dice.

Naturalmente la questione retributiva meriterebbe un

capitolo a sé. Voltolina fa l'esempio della vicina Svizzera, dove lo stipendio mediano lordo è di 4900 franchi svizzeri al mese per chi non ha una formazione professionale e sale fino ad arrivare per chi ha una formazione universitaria a 10.000 franchi svizzeri. Mi spiega che lì i ragazzi che alla fine della scuola dell'obbligo scelgono di fare un apprendistato (che equivale a quello che in Italia si chiama «di primo livello per la qualifica professionale», e che viene utilizzato pochissimo) iniziano subito a guadagnare uno stipendio: «Da noi invece si separa sempre con nettezza la scuola dal lavoro» osserva Voltolina «l'apprendistato inoltre è stato "cannibalizzato" dall'abuso dei tirocini, molto più convenienti».

In Italia discutiamo ancora sull'opportunità o meno di introdurre un salario minimo quando, oltre al salario minimo, dovremmo anche vietare forme di lavoro gratuite, che si tratti di alternanza scuola-lavoro o di tirocini. «Noi abbiamo delegato quella funzione alla contrattazione sindacale, ma alcuni contratti nazionali prevedono retribuzioni minime sotto a quello che verrebbe indicato, per legge, come salario minimo, in alcuni casi abbiamo dei salari di ingresso infimi e le prospettive retributive di quei lavoratori restano basse» osserva Voltolina «ma la cosa più importante è fare in modo che, se riusciremo ad avere finalmente una legge sul salario minimo, essa valga anche per i lavoratori parasubordinati e autonomi. Altrimenti si lascerebbero fuori dalla tutela proprio quelli che ne hanno più bisogno, quelli che più di frequente vengono sottopagati.» Anche le leggi, i salari, la contrattazione collettiva, sono da aggiornare. È impensabile che possano continuare a essere tarate su una realtà superata dai tempi. E che esista una cultura per la quale a un lavoratore venga richiesta una disponibilità a tempo pieno ma a partita Iva, quindi senza tutele, e per pochi euro l'ora. Come se fosse, ormai, così ovvia la drammaticità della situazione occupazionale in Italia che qualsiasi impiego, anche in condizioni che calpestano la dignità, deve essere accettabile.

Pensare che una persona possa guadagnare 3-4 euro l'ora, in un mese di tempo pieno, meno di quello che costa un affitto in una media provincia, non è dignitoso. Ma chi lo fa notare viene chiamato *choosy* o bamboccione.

L'elefante nella stanza

C'è anche un altro problema che limita, in qualche misura, l'ingresso e la progressione dei giovani nel mondo del lavoro. Lo dico, provocatoriamente, ma non troppo: in Italia non si possono licenziare i fannulloni, i nullafacenti. Lasciamo per un momento da parte i licenziamenti improvvisi e ingiustificati legati esclusivamente alle esigenze dell'impresa e il dibattito politico legato allo sblocco dei licenziamenti e alle delocalizzazioni alla fine della pandemia. Pensiamo a tutti quei casi in cui, nelle pubbliche amministrazioni e nelle aziende private, ci sono lavoratori ingessati che ricoprono lo stesso ruolo, svolgono le stesse mansioni, da decenni, con scarso impegno, motivazione ed entusiasmo. Pensiamo anche a tutti quei casi limite, ma purtroppo non rarissimi, in cui il lavoro diventa, unicamente, un obbligo di timbrare un cartellino e scaldare una sedia per 8 ore. Si tratta di schiere di lavoratori, pubblici e privati, che hanno raggiunto una sicurezza lavorativa, una certa anzianità, un buono stipendio, ma non la qualifica di dirigente, e quindi non possono essere mandati via, anche se improduttivi, inutili. Sono lavoratori che limitano la crescita e i risultati di un'azienda o di un'amministrazione pubblica e che creano un collo di bottiglia all'interno del mercato: non permettono agli altri lavoratori una sana progressione di carriera e non lasciano alcuno spazio ai giovani professionisti.

So di dire cose impopolari. Il tema dei licenziamenti è sempre stato controverso e terreno di scontri ideologici in Italia, e in esso si mischiano più piani, spesso distinti. Ma è davvero un'eresia dire che chi non ha alcuna motivazione a lavorare, chi è pigro e improduttivo, chi fa il furbo, deve poter essere mandato via?

Un importante manager mi ha raccontato uno spaccato umano e lavorativo della sua azienda che mi ha fatto riflettere e in successive conversazioni mi sono resa conto che non è una realtà isolata: all'interno delle strutture aziendali esistono migliaia di dipendenti che non svolgono funzioni finalizzate a un risultato, all'efficienza, bensì meccaniche, sempre le stesse, alcuni da decenni, con il beneplacito dei capi e con uno stipendio assicurato. Un circolo vizioso che si autoalimenta. «È una catena difficile da spezzare perché la cima protegge gli anelli successivi, e io non la posso rompere, per lasciare il posto ad altri, più giovani ed efficienti, perché la legge non me lo permette e perché il meccanismo, la mentalità è ingessata» dice il manager.

Sia chiaro, non è un sistema penalizzante soltanto per i giovani. Sono tanti i meno giovani, competenti e preparati, che si vedono scavalcare nelle promozioni – anche qui, sia nel pubblico che nel privato – dai raccomandati di turno o dagli amici degli amici. È, ormai, una realtà acquisita nel mondo del lavoro italiano cui faceva riferimento anche il ministro del Lavoro nel capitolo precedente.

Ma allora, non sarebbe bene introdurre dei processi, ciclici, di valutazione del lavoratore? Non significa mettere in piedi una macchina legalizzata di licenziamenti selvaggi. Vorrebbe dire cominciare a introdurre, sia per chi il posto fisso lo ha, ma anche per i più giovani, un mercato del lavoro dove si viene valutati in base al risultato, alla produttività, dove il merito – certificato dalla valutazione – supera il peso della raccomandazione e di meccanismi culturali ormai obsoleti e poco competitivi.

Nei sistemi anglosassoni, sempre per citare realtà che conosco a fondo, esistono le *peer review*, le valutazioni tra colleghi; quindi, non soltanto la valutazione del tuo capo a cui puoi stare simpatico e può volerti bene anche se sei un nullafacente, ma anche valutazioni orizzontali e reciproche basate su criteri professionali umani, dove conta il risultato, l'impegno e la capacità di lavorare con gli altri, la disponibilità, l'atteggiamento personale. In Gran Bretagna si chiamano *360 review* e includono domande come: quali sono i punti di forza di questa persona, quali sono le cose che dovrebbe smettere di fare, e quali dovrebbe continuare, in cosa dovrebbe migliorare, come gestisce il suo tempo e il suo carico di lavoro? Valutazioni negative non portano, automaticamente, al licenziamento. Esistono delle procedure precise, viene offerto un tempo congruo per migliorare, vengono coinvolte le risorse umane e i dirigenti (non soltanto il riporto diretto dell'impiegato), sono processi annuali e standardizzati, uguali per tutti. Significa che si può anche entrare per raccomandazione, ma non si scalano i ranghi aziendali se non si dimostrano capacità operative e umane ed è impossibile restare, per decenni, nella stessa posizione, senza muoversi né avanti, né indietro (o meglio fuori dall'azienda). Questo crea un mercato dinamico e responsabilizza i lavoratori, a tutti i livelli. Porta anche, inevitabilmente, ai licenziamenti, che in un mercato del lavoro sano sono elemento necessario ma non distruttivo.

È vero che in una nazione con un mercato del lavoro malfunzionante chi venisse licenziato per scarsa produttività avrebbe difficoltà a trovare una nuova occupazione e finirebbe per restare a carico dello Stato a vita. Come tutte le trasformazioni, soprattutto culturali e sociali, necessita di un orizzonte temporale ampio per realizzarsi, ma una volta compiuta permetterebbe alle nuove generazioni di vivere in un Paese con una nuova cultura del lavoro, con prospettive più rosee, meritocratiche e dinamiche.

PROPOSTA: Inserire un meccanismo obbligatorio di valutazione orizzontale, oltreché verticale, cominciando dalle grandi aziende e dalla pubblica amministrazione italiana avrebbe un costo limitato e migliorerebbe l'efficienza dei processi aziendali e la produttività dei lavoratori. Gradualmente, avrebbe l'effetto di favorire il merito o quantomeno porterebbe a un approccio misurabile e monitorabile delle prestazioni del lavoratore impedendogli, nel bene e nel male, di restare immobile, senza alcuno slancio, nello stesso ruolo, per decenni.

Il lavoro del futuro tra facoltà Stem e digitalizzazione

Ilhame Sebbar, 20 anni, cita Yuval Harari e il suo *21 lezioni per il XXI secolo* per spiegarmi perché ha scelto di frequentare H-Farm College, importante polo dell'innovazione in Europa, a Roncade in provincia di Treviso, un campus internazionale in cui studenti, startupper, imprenditori e professionisti convivono e si formano, attraverso corsi triennali e master universitari.

«Gli algoritmi o sai gestirli o verrai gestito da loro» dice Sebbar che spiega di aver scelto un corso dove «mettere le mani in pasta» e che le assicurasse di avere una certa padronanza della tecnologia.

Non sono numerosissimi i giovani che in Italia hanno fatto la sua stessa scelta.

Nel 2020, il 24,9% dei laureati tra i 25 e i 34 anni ha conseguito una laurea nelle cosiddette materie Stem. La media comprende un tasso più alto di uomini al Nord e uno piuttosto basso di uomini residenti al Sud e di donne.

A detta degli esperti, però, saranno proprio queste le materie (oltre alle varie branche dell'economia e della medicina) ad assicurare un impiego in futuro.

«Una volta andare all'università significava lavoro, adesso università significa forse lavoro» dice Sebbar. «Io non ho certezze, ed è questo che bisogna capire dei giovani di oggi.» Tanto lei quanto i suoi compagni di corso sottolineano come oggi non sia tanto sufficiente l'apprendimento di nozioni, ma serva la pratica, avere delle *skills*, capacità, e delle competenze in più.

«Noi giovani non dobbiamo fare solo l'università, dobbiamo fare molto di più, per questo ho scelto di studiare ad H-Farm» asserisce. Dove H sta per *human*, umano e Farm, letteralmente fattoria. L'idea nasce dalla visione dell'imprenditore Riccardo Donadon che nel 2005 ha lanciato un acceleratore di start up; nel 2020 è diventato anche un campus in cui allevano professionisti, imprenditori, startupper del futuro.

Anche Gaia Leuzzi, una ex studentessa del liceo classico che voleva fare il magistrato e poi la giornalista, ha scelto H-Farm perché è convinta che anche i mestieri tradizionali, quelli a cui prima si accedeva studiando prevalentemente le scienze sociali, richiederanno nuove competenze in futuro. «C'è il metaverso oggi» dice Leuzzi, che sostiene di aver per anni rincorso il voto anziché l'apprendimento, alle superiori, e di aver sempre manifestato le sue idee scendendo in piazza, ma con la percezione di non essere ascoltata.

Il metaverso, un insieme di mondi virtuali e interconnessi, popolati da avatar, è stato definito «una stronzata» sempre da Michele Serra, nella trasmissione televisiva *Che Tempo Che Fa*, in un bellissimo monologo sulla guerra in Ucraina e le persone, i giornalisti e i fotografi, che ce la raccontano oltre la dimensione virtuale, dal campo, in mezzo alle bombe.

Può anche darsi che abbia ragione, ma scegliere di non sapere, di non ammettere alternativa alcuna, o di continuare a studiare come si faceva in un'altra epoca – un po' come una vecchia generazione di giornalisti ha scelto, per lungo tempo, di rifiutare di scrivere sulla versione online del giornale, continuando a considerare la carta l'unico materiale nobile della professione – significa condannarsi all'estinzione. Molti ragazzi l'hanno capito, e i loro punti di vista vanno presi in considerazione.

«Qui mi sento un'interlocutrice, sento che la mia opinione viene presa in considerazione» dice Leuzzi. «Quando mi sono accorta che quel che dico viene ascoltato sono rimasta davvero stupita... sono una che è andata ai Pride, ai Fridays for Future, alle manifestazioni contro la violenza di genere... non ci hanno mai dato importanza, qui siamo considerati adulti.» H-Farm, un campus che sorge in una tenuta di proprietà di Cattolica Assicurazioni, oltre ad avere al suo interno una scuola (privata), offre dei corsi universitari anche in partnership con altre università, inclusa Ca' Foscari di Venezia, e chi ha un Isee sotto i 30.000 euro paga soltanto la tassa regionale di iscrizione anziché la retta di 7500 euro prevista per frequentare i corsi di laurea; quindi, non vale neanche l'obiezione che lì ai giovani danno spazio, e orecchie, solo perché, come nelle grandi università americane, pagano tutti rette costose ogni anno.

I ragazzi di H-Farm non solo vogliono avere una voce, ma si rendono conto che per averla devono essere competenti e competitivi e non solo a livello nazionale. Quando li incontro, un giorno di inizio primavera mentre è in corso la guerra tra Russia e Ucraina, mi parlano preoccupati della situazione geopolitica, mi dicono che sono consapevoli di vivere in un mondo globalizzato e interconnesso e che nel loro mondo del lavoro conteranno le *soft skills*, il *coding*, la conoscenza delle lingue, meglio ancora se il cinese, oltre a una scontata padronanza dell'informatica.

«Il mondo è cambiato» osserva Leuzzi. «I miei genitori non venivano da famiglie agiate, ma si sono laureati e si sono potuti realizzare professionalmente, eppure conoscono solo una lingua.» E quasi sicuramente, aggiungo io, non hanno idea di cosa sia il *coding*.

Ad H-Farm College, partecipano a eventi, dibattiti, frequentano laboratori, interagiscono con imprenditori, all'interno di un campus di 51 ettari autosufficiente all'85% dal punto di vista energetico grazie agli impianti fotovoltaici e ai sistemi di accumulo e scambio in rete di energia. Non è una realtà accessibile a tutti, ma non è neanche una realtà per soli ricchi.

Edoardo Fasoli, 21 anni, dice di non aver avuto «fortuna in famiglia» ma di aver sviluppato un «*mindset* in cui devi prendere e fare». Non era uno studente modello quando frequentava il liceo linguistico, ma aveva, afferma, le idee molto chiare e ha aspettato l'università per scegliere un percorso innovativo che non gli fosse imposto dagli adulti, e dai professori con in mente il solo voto finale come obiettivo. «I giovani, paradossalmente, hanno la fortuna di essere nati in un periodo in cui il futuro è incerto: significa che lo puoi plasmare» spiega. «Mio nonno e mio padre sapevano che o andavano all'università per diventare medico o avvocato oppure andavano a lavorare nella bottega della famiglia, ora nascono nuovi mestieri. Non scompaiono le possibilità, se ne aprono di diverse.»

Ma lui, che a differenza delle colleghe sembra più ottimista sul futuro lavorativo della sua generazione, è quello che già a 20 anni ha tirato i remi in barca sull'Italia e sugli effetti delle proteste di piazza e si dice convinto di voler emigrare.

Anche questa, secondo alcuni, tra cui Tito Boeri, è una forma di protesta a tutti gli effetti.

«Io voglio andare all'estero e fondare la mia start up» dichiara Fasoli. «Ho una visione materialistica, punto a svoltare la mia condizione sociale e so che quando avrò dei figli vorrei che avessero quello che non ho avuto io.» A suo parere l'Italia è un Paese poco meritocratico in cui troppi giovani passano il proprio tempo a lamentarsi sui social dal divano, foraggiati dalle famiglie d'origine. «Se sei una persona conscia delle tue potenzialità non ti conviene affatto restare in Italia: ormai è un Paese finito.»

È una visione pessimistica, ma dopo decenni di promesse non mantenute e con un ascensore sociale perennemente rotto si può anche comprendere. D'altro canto, però, con la trasformazione tecnologica a cui assistiamo da alcuni anni, e con la spinta che il Pnrr dovrebbe dare alla digitalizzazione del Paese, si deve evitare di commettere l'errore di non cogliere le opportunità, anche lavorative, che ne deriveranno.

Tutti gli indicatori ci dicono che le lauree Stem hanno prospettive occupazionali e salariali migliori rispetto alle scienze sociali. Sembra, però, che l'orientamento universitario svolto nelle scuole sia scarso e quello che viene fatto in famiglia è spesso condizionato da vecchi dogmi.

A casa mia, per esempio, studiare giurisprudenza è sempre stato rappresentato come un efficacissimo antidoto alla disoccupazione. I dati del ministero ci dicono che, attualmente, si tratta della laurea con le peggiori prospettive occupazionali, con un tasso di disoccupazione del 24% tra i laureati. Seguono psicologia, lettere, scienze sociali e lingue. Nella culla della civiltà e dell'Umanesimo, ancora oggi, nel 2022, dirlo con chiarezza è un sacrilegio. Ma è arrivato il momento di prenderne atto. Lo studio e la formazione non servono soltanto per «aprire le menti», servono anche per mettere i giovani in condizione di trovare lavoro.

Politiche per promuovere l'occupazione giovanile

L'Organizzazione per la cooperazione e lo sviluppo economico ha stilato un decalogo di suggerimenti rivolto ai governi per promuovere l'occupazione giovanile. Si suggerisce di fornire assistenza nella transizione al mondo del lavoro attraverso l'offerta di esperienze professionali prima della fine del ciclo scolastico, e attraverso servizi di orientamento ad hoc, per evitare scelte al buio.

Su entrambi gli aspetti l'Italia è carente. Voltolina spiega che gli studenti sono spesso inconsapevoli di ciò che viene dopo la scuola, e quindi fanno scelte sbagliate, che non li rappresentano.

Il Pnrr ha stanziato fondi per l'orientamento, ma la fondatrice della «Repubblica degli Stagisti» sottolinea che «non tutti sanno fare orientamento», non è un compito che si può semplicemente delegare ai professori. Si dovrebbero, piuttosto, coinvolgere «professionisti del mercato del lavoro, come i recruiter, i coach, le persone che abbinano la domanda e l'offerta, in modo che offrano un orientamento personalizzato, attraverso incontri uno a uno, ai ragazzi» dice.

Voltolina è anche tra i sostenitori del sistema di alternanza scuola-lavoro: «Anche se fai il liceo è sempre meglio andare a fare esperienza come cameriere in un fast food per acquisire competenze trasversali, piuttosto che non fare niente». Le competenze trasversali, che includono il saper gestire al meglio il tempo, lo stress, lavorare in gruppo, la leadership e l'automotivazione, sono, a detta di tutti gli esperti, sempre più importanti nel mondo del lavoro di oggi.

La posizione di Voltolina è forse impopolare, ma parla di lavoro giovanile retribuito e formante e mi trova d'accordo.

Lavorare durante le scuole superiori in Italia è un tema molto delicato perché si presta, purtroppo, a distorsioni anche per colpa di alcuni datori di lavoro che se ne approfittano, e si interseca con il tema della sicurezza sul lavoro. È pur vero, però, che un'esperienza lavorativa da studente si potrebbe declinare in vari modi ed è prevista anche dal programma Garanzia Occupabilità Lavoratori che fa parte del Pnrr. Perché non prevedere anche, come parte del percorso formativo scolastico, un'esperienza di stage estivo durante gli ultimi anni della scuola superiore? O perché non rendere il sistema più simile a quello svizzero o tedesco dove il percorso si alterna, davvero, a quello scolastico in modo costante ma proporzionato e gli studenti, quando lavorano, vengono pagati.

Anche l'Osce consiglia di rafforzare il sistema scolastico e di preparare i giovani per il mondo del lavoro attraverso competenze trasversali e offrendo a chi lascia la scuola altre opportunità per inserirsi nel mondo del lavoro.

Il tasso di dispersione scolastica, in Italia, è pari al 13,5%, superiore alla media europea che si attesta attorno al 10%. Mettere i giovani a contatto col mondo del lavoro fin da subito significa abbandonare da un lato quella cultura iperprotettiva in cui i nostri bambini non devono essere sovraccaricati più di tanto, e dall'altro l'idea che questi ragazzi debbano presentarsi in un luogo di lavoro per essere trattati come lavoratori a tutti gli effetti, anziché per essere formati.

Nelle estati del liceo gli studenti delle scuole americane lavorano quasi tutti. Ai miei tempi c'era chi faceva il cameriere, chi il bagnino, chi grigliava gli hamburger nel parco, chi animava i centri estivi per bambini, qualcuno dava lezioni sportive. Nessuno si è mai sentito sminuito o umiliato, al contrario abbiamo imparato presto a dare valore al lavoro e ai soldi, a prescindere dalla propria famiglia d'origine.

Gli stage dovrebbero, poi, diventare curricolari sin dal primo anno di università, degli Itf non parlo perché mi sembra che il sistema funzioni meglio. Non si capisce per quale motivo i ragazzi italiani non sentano parlare di stage fino alla fine del loro percorso di studi. Avrebbe molto più senso inserire, gradualmente, gli studenti nel mondo del lavoro durante il percorso di studi, non dopo.

Va nella giusta direzione la proposta di legge Ungaro che limita la possibilità di svolgere i tirocini entro un tempo limitato dal completamento del percorso di studi, così come anche la proposta Gribaudo sulla modifica dell'apprendistato, che prevede sgravi contributivi crescenti per le aziende, un percorso formativo ad hoc, e una piattaforma online, gestita da Anpal e regioni, per snellire gli adempimenti burocratici e semplificare la gestione dei contratti di lavoro.

Sempre a proposito di piattaforme, nel quadro della digitalizzazione del Paese previsto dal Pnrr, le regioni insieme con le aziende del territorio e le agenzie per il lavoro dovrebbero pubblicizzare le offerte di lavoro, inclusa la retribuzione, in un portale dedicato, in modo tale da rendere effettiva «la ricerca attiva del lavoro», a cui si lega il sussidio del reddito di cittadinanza, e per permettere anche ai più giovani di rendersi conto di quali siano le offerte di lavoro effettivamente presenti sul territorio. Al contempo si creerebbe anche un meccanismo di *accountability*, o di responsabilizzazione, come diceva Bernardo Mattarella nel capitolo due, dei datori di lavoro, pubblici e privati, per quel che riguarda le retribuzioni.

Ben vengano le agevolazioni contributive per chi

assume giovani e donne. Secondo gli ultimi dati disponibili, il 43% dei 2 milioni di nuovi contratti a tempo indeterminato è agevolato. Nel dato rientrano anche le trasformazioni, da tempo determinato a indeterminato, che nel 2021 hanno subito un incremento del 99% rispetto al 2020. È previsto l'esonero contributivo totale (entro il limite di 6000 euro annui) per le assunzioni e le trasformazioni a tempo indeterminato effettuate fino alla fine del 2022 per i giovani fino a 36 anni e le donne (prima del 2020 l'esonero contributivo non era totale e il limite era più basso). Da notare, poi, anche i 258mila nuovi contratti a tempo indeterminato che hanno beneficiato della decontribuzione per il Sud.

Per i giovani Neet che vivono al Sud e nelle aree disagiate esistono anche iniziative finanziate con fondi europei come Garanzia Giovani, previste fino al 2023. Ma come segnalato da molti esperti, come il giuslavorista Michele Tiraboschi (sia pure nel silenzio generale della politica), misure come questa, dopo anni dalla sua introduzione, restano un cantiere aperto e, anzi, rischiano di prestarsi a grosse distorsioni. Le aziende sfruttano i contributi europei per coprire le carenze di organico, dalle pizzerie al settore delle costruzioni, e pagare i tirocinanti 150 euro al mese. Naturalmente, questo meccanismo crea un ricambio costante di personale, e come dice il direttore della fondazione Adapt Francesco Seghizzi la misura rischia di «incentivare le imprese a non assumere, perché sono disponibili giovani in stage con i soldi dell'Unione europea anche per posizioni che prevedono esperienza pregressa e scarsa valenza formativa». Le misure finanziate con i fondi europei, e quelle autorizzate in deroga alla normativa sugli aiuti di Stato (come l'esonero contributivo totale) non sono misure strutturali, ma certamente se venissero utilizzate per gli scopi previsti, senza permettere i macroscopici abusi cui assistiamo – attraverso un potenziamento dei controlli e un lavoro capillare da parte delle regioni che prendono i fondi europei e li danno alle aziende – potrebbero giocare un ruolo importante nel reinserire i Neet nel mercato. Fa bene Mara Carfagna, ministra per il Sud, a battersi affinché alcune misure, come la decontribuzione del 30% per le assunzioni nel Sud e nel Mezzogiorno, diventino strutturali e per replicare esperienze di successo sul modello dell'hub tecnologico di San Giovanni a Teduccio possano ripetersi altrove. Esiste, in questa fase, una congiuntura fortunata per riformare il mercato del lavoro, creata dall'immane tragedia della pandemia da Covid e dall'attenzione mediatica che si è accesa su tematiche quali, per esempio, l'alternanza scuola-lavoro. Questa opportunità ci richiede celerità d'azione. Proposte di legge come quelle citate, ma anche la proposta Nannicini sul congedo parentale condiviso, devono essere discusse e approvate prima della fine di questa legislatura.

PROPOSTA: Quei meccanismi, anche semplici, di comunicazione tra domanda e offerta, attraverso piattaforme online, possono essere pensati e strutturati all'interno di un quadro di aiuti europei legati al Pnrr, così come il miglioramento della previsione dell'orientamento universitario e professionale svolto dalla scuola secondaria.

Vanno promosse massicce, e non particolarmente costose, campagne di comunicazione, anche attraverso i social, per accendere un faro sui mestieri del futuro, i vari percorsi di scuola secondaria, le diverse facoltà universitarie con gli annessi sbocchi lavorativi, e la tipologia di competenze, anche trasversali, richieste nel mondo del lavoro. Come proposto da Alessandro Fusacchia, il relatore della legge sulla doppia laurea, gli studenti potrebbero anche frequentare un corso universitario a loro scelta, come osservatori, per alcune ore, durante le scuole superiori, eventualmente, anche come modalità alternativa, se non in aggiunta, al percorso di alternanza scuola-lavoro.

Non c'è più tempo da perdere. Non è più possibile nascondersi dietro le caratteristiche negative di una parte per definire un'intera categoria, due generazioni, ed evitare di offrire loro risposte concrete.

8
Cervelli in fuga e di ritorno

Nei 10 anni prima dello scoppio della pandemia sono stati oltre 815mila gli italiani emigrati all'estero e negli ultimi anni la tendenza ha riguardato sempre di più i diplomati e laureati. Nel 2018 il balzo è stato del 45% rispetto al quinquennio precedente e tre su quattro avevano più di 25 anni.

Secondo Tito Boeri, come abbiamo visto, la cosiddetta «fuga dei cervelli» è una forma di protesta da parte dei giovani. Io, però, non credo che si possa qualificare così la ricerca di prospettive occupazionali e di vita migliori fuori dal proprio Paese d'origine. Per alcuni si tratta di una forma di resa, di fronte all'evidente impossibilità di farsi strada a casa propria. Per altri è, invece, una scelta razionale, spesso basata su opportunità di studio o lavoro migliori di quelle disponibili in Italia. Per molti è reversibile, mentre altri si integrano nella nazione in cui si trasferiscono e non tornano più indietro.

Non è una forma di protesta. È una possibilità e come tale non è né buona né cattiva. Diventa però una sconfitta se è l'unica possibilità, e se rimane riservata a pochi. Perché lasciare l'Italia per motivi di studio o lavoro è un'opzione che hanno soltanto alcuni (sebbene siano numerosi) giovani, qualificati e non, intraprendenti ma spesso anche fortunati.

Avevo 27 anni quando partii per Londra. Arrivai un giorno di inizio aprile con una valigia pesantissima. Ci volle più tempo dall'aeroporto di Heathrow, nella periferia Ovest della città, a Shadwell, popoloso quartiere multietnico nell'East End, dove avevo trovato casa, di quello che avevo passato sull'aereo da Roma. Qualche mese prima, Claudia Pensotti, giornalista del canale economico-finanziario Class Cnbc a Milano, aveva inviato il mio curriculum a Craig Moseley, capo del desk londinese di Cnbc Europe con cui collaborava spesso. Dopo un paio di colloqui avevo ricevuto un'offerta per uno stage di 6 mesi a 1500 sterline al mese, oltre il doppio del mio salario a Milano, con cui però potevo permettermi soltanto una casa in condivisione in un quartiere decentrato.

Alla stazione dell'overground di Shadwell mi venne incontro la mia migliore amica, che da Roma si era trasferita a Londra qualche mese prima di me per lavorare in una ditta che si occupava di comunicazione aziendale. Percorremmo circa un chilometro, tra case popolari e negozietti etnici, per arrivare alla mia nuova casa, un modesto villino di tre stanze che avrei condiviso con lei e altri tre ragazzi, a Sud dello stradone che viene chiamato «The Highway» perché ricorda un'autostrada e collega la torre di Londra con l'Isle of Dogs, quartiere ancor più a Est che contiene il distretto finanziario di Canary Wharf.

La mia era la stanza più piccola e assomigliava più alla cuccetta di un treno che a una camera. Oltre al letto singolo c'era un piccolo armadio, ricavato dalla rientranza del muro accanto alla porta, e non c'era neppure lo spazio per un comodino perché tra il bordo del letto e la parete opposta c'era uno spazio di 40 centimetri o giù di lì.

A me, in quel momento, sembrava la casa più bella del mondo e, per la prima volta, mi sentivo davvero indipendente.

La mattina seguente camminai fino alla redazione di Fleet Street attraversando St. Katharine Docks, la torre di Londra e Cannon Street. Mi fu assegnato un desk nell'open space oltre lo studio televisivo principale, di fronte a Lauren Fedor, giovane giornalista americana con cui diventai presto amica e che 6 anni più tardi, nel 2019, avrebbe segnalato il mio curriculum all'ufficio risorse umane del «Financial Times»; saremmo tornate colleghe, seppure alle due sponde opposte dell'Atlantico. A proposito di segnalazioni, è prassi comune nel mondo anglosassone concedere un bonus in denaro ai dipendenti che segnalano alle risorse umane profili potenzialmente in linea con le ricerche di personale in corso e che poi, a seguito di colloqui, vengono assunti.

Lavoravo per il *newsdesk* e il mio compito principale era trovare gli ospiti per *Squawk Box*, la più importante trasmissione d'informazione economico-finanziaria in onda sul canale. C'era un nutrito gruppo di giovani giornalisti, di stagisti e di donne in posizioni apicali, la mattina partecipavamo tutti alla riunione di redazione e l'obiettivo era portare idee migliori di quelle degli altri in modo da farsi notare dai capi e avere la possibilità di realizzare un servizio, magari per il sito internet.

Era un ambiente difficile e ultracompetitivo, ero l'ultima ruota del carro, troppo «vecchia» per essere una stagista secondo gli standard anglosassoni, ma troppo acerba per aspirare ad andare in video. Insieme a una redattrice greca, poi, subivo un evidente pregiudizio legato agli stereotipi sulla mia nazionalità. Alcuni anni più tardi, i miei capi, che nel frattempo hanno tutti cambiato mestiere, si sono scusati con me e con la collega greca, oggi direttrice editoriale di un'importante rete televisiva del suo Paese.

Dopo pochi mesi, su suggerimento di Carolin Roth, di un anno più grande di me, ma conduttrice del canale da quando ne aveva 24, dissi al caporedattore centrale che volevo fare la reporter e gli chiesi se potevo esercitarmi per andare in video. Mi chiese se fossi matta o se mi fossi solamente montata la testa e non se ne fece niente.

Mi accorsi ben presto che la mia laurea con lode alla Bocconi, le mie 4 lingue, i 2 anni trascorsi tra importanti studi legali di Milano e New York e il master in giornalismo, all'improvviso, non importavano a nessuno. Contava, ma non bastava, la determinazione. Ed erano apprezzate la flessibilità e la disponibilità a presentarmi, per esempio, all'alba sotto la pioggia fuori dalla Banca d'Inghilterra per supportare l'inviata in preparazione della diretta, nei giorni in cui venivano annunciate le decisioni sui tassi d'interesse. La cosa più importante di tutte era, senza dubbio, la comprensione della materia specialistica di cui si occupava il canale: l'economia e la finanza. In questo senso, gli anni di esperienza negli studi legali non erano stati sprecati, ma sicuramente non ne capivo tanto quanto la collega Julia Chatterley, ora conduttrice economica della Cnn a New York, che si era affacciata al giornalismo dopo aver trascorso anni in una grande banca d'affari americana.

Capii quasi subito che quella londinese sarebbe stata un'esperienza ben più lunga di quel contratto di 6 mesi, nonostante la mia vita nella capitale inglese fosse piuttosto diversa da quella che avevo vissuto fino a quel momento. Non avevo perso la socialità, ma facevo fatica a frequentare i vecchi amici che, per la maggior parte, abitavano dalla parte opposta della città, quella ricca.

I Bocconiani erano entrati nei circuiti delle grandi banche d'affari e potevano permettersi Chelsea e Westminster. Nella City, il primo stipendio per un neolaureato è mediamente di 55.000 sterline e loro, come quasi tutti i giovani banchieri, erano lì da quando si erano laureati a 24 anni.

A medici, ingegneri e galleristi non era andata molto peggio e anche loro si erano stabiliti, quasi tutti, a Ovest tranne qualcuno, più alternativo, che aveva scelto Shoreditch. Nel pubblico, lo stipendio base di un medico specialista varia tra 84 e 114mila sterline. Il salario medio per gli ingegneri è 48.000 sterline, nelle grandi multinazionali che si occupano di costruzione e progettazione di più.

Con questi numeri non è difficile comprendere per quale ragione tanti giovani italiani, prima della Brexit, emigravano in Gran Bretagna. E non solo: dato che si tratta di una delle destinazioni, di una fetta di una torta più grande.

Le ragioni che spingono sempre più giovani qualificati a lasciare il Paese sono, purtroppo, ovvie.

Perché i laureati emigrano?

Un laureato con la triennale, 5 anni dopo essere uscito dall'università, in Italia guadagna mediamente 1469 euro netti al mese. Con una laurea magistrale la media sale a 1556 euro, circa 24.000 euro lordi all'anno. Nel Regno Unito 24.000 sterline (cioè circa 29.000 euro al tasso di cambio attuale) sono lo stipendio medio di un neolaureato; in Germania un neolaureato guadagna mediamente 45.000 euro all'anno; mentre nel 2019, negli Stati Uniti, il salario medio d'ingresso nel mondo del lavoro, per chi ha conseguito il bachelor degree (l'equivalente della nostra laurea triennale), è di oltre 53.000 dollari.

Qualcuno dirà che in quei Paesi, a fronte di stipendi più alti, lo Stato offre meno servizi, dalla scuola alla sanità. Ma la scuola e la sanità sono pubbliche anche nel Regno Unito e in Germania (che i ricchi scelgano scuole e cliniche private è un altro discorso) e ci sono nazioni, come quelle scandinave, dove a fronte di stipendi alti si pagano tante tasse e si ricevono tanti servizi dallo Stato. Ma anche se così non fosse, non credo che un lavoratore in Italia ritenga lo stipendio inferiore ad altri Paesi compensato dai servizi che riceve dallo Stato, considerato il costo della vita nelle grandi città e tutti i limiti dei servizi di welfare, dagli asili pubblici alla sanità, che sono diventati ancor più evidenti in questi anni di pandemia.

Oltre ai salari più alti, che sono una ragione ovvia per emigrare sia per i laureati sia per i lavoratori meno qualificati, credo esista anche un altro elemento che spinge i giovani a cercare lavoro fuori dai confini nazionali.

Vanno dove essere giovani non è considerato uno svantaggio, un limite.

Durante gli anni trascorsi in Inghilterra ho incontrato e lavorato con tanti giovani, uomini e donne, in posizioni apicali. E quando parlo di giovani non parlo dei cinquantenni nostrani: quando arrivai a Cnbc Europe la giornalista che dirigeva il desk aveva meno di 35 anni, così come anche molte delle giornaliste di punta del canale. La vicedirettrice di «POLITICO Europe» Kate Day, ne ha meno di 40, così come anche la direttrice della versione francese, Marion Solletty, e la manager a capo della divisione eventi e nuovi prodotti, enorme fonte di reddito per l'azienda, Giulia Chiatante. Tara Palmeri, che «POLITICO Europe» aveva assunto dal «New York Post» nel 2015 per replicare la famosa newsletter politica americana «Playbook» a Bruxelles e rendere famosa la testata in tutta Europa, all'epoca aveva 28 anni, 2 anni dopo lasciò il giornale per tornare negli Stati Uniti come corrispondente dalla Casa Bianca per la rete televisiva Abc. Nessuno mise in dubbio le loro capacità per il fatto che fossero giovani, o donne. Naturalmente, lo stesso discorso vale anche per gli uomini: Gabe Brotman, a meno di 30 anni, fu inviato dal quartier generale americano di «POLITICO» a Bruxelles per occuparsi della comunicazione e del marketing dell'azienda europea, l'australiano Ryan Health divenne il volto del giornale a Bruxelles dal 2015, e poi appena quarantenne fu promosso e trasferito negli Stati Uniti.

Al «Financial Times» la situazione è analoga: corrispondenti, giornalisti di punta e manager del giornale hanno, in molti casi, meno di 40 anni. Virginia Stagni, ventottenne padovana a capo della divisione business development e prima italiana nella lista dei 30 innovatori sotto i 30 anni stilata dalla International News and Media Association, mi racconta che lei è entrata al «Ft» dopo aver analizzato il modello di business dell'azienda per la sua tesi di master. Una volta completata la specializzazione, fece leggere la tesi ai manager che aveva intervistato durante la sua ricerca, la trovarono interessante e le offrirono uno stage, naturalmente retribuito. Dopo lo stage è stata assunta e in pochi anni ha scalato i ranghi aziendali: «Ero venuta per studiare, ma non sono mai tornata, in Italia non mi avrebbe mai dato credito nessuno» mi racconta durante una chiacchierata in videoconferenza da Londra. «Non è tutto perfetto, ma, almeno, mi è stata data una possibilità, mi hanno messa alla prova» aggiunge.

La mia esperienza è stata simile. Quando Rachel Sanderson lasciò il giornale e l'ufficio di Milano nel 2019, come da prassi, la posizione fu pubblicata sul sito internet in modo da permettere a chiunque, purché giornalista e con alcuni anni di esperienza pregressa, meglio se nel campo del giornalismo economico, di candidarsi. La conoscenza della lingua italiana non era un requisito necessario, ma sarebbe stata considerata un di più in sede di colloquio. Mandai il curriculum e scrissi a Lauren Fedor chiedendo se poteva segnalarlo alle risorse umane.

Funzionò per far pescare il mio curriculum nel mazzo degli oltre 200 arrivati per quella posizione e per farmi rimediare il primo colloquio, ma restavano da superare gli altri 6, e 2 test di scrittura. Rischiai di essere eliminata per l'esposizione scritta insufficiente delle *impairment charges*, la cosiddetta svalutazione di beni aziendali. Non avevo idea di cosa fosse né di come raccontarla in un articolo giornalistico, lo ammisi senza troppi giri di parole ai capiredattori e anche a Roula Khalaf, che di lì a pochi giorni sarebbe diventata la direttrice del giornale, durante quello che poi si rivelò l'ultimo colloquio nel suo nuovo ufficio a Bracken House, il quartier generale del «Ft» a Londra. Khalaf decise di sottopormi, immediatamente e senza preavviso, a un altro test di scrittura, che superai. Penso che la trasparenza, in quel caso, fu premiante, ma credo anche che quelle persone, attualmente i miei capi, abbiano scelto di darmi una possibilità, nonostante fossi giovane e madre di una bambina di 3 anni.

Iniziai con un contratto di un anno alla fine di marzo 2020, nel pieno del primo lockdown, con il compito di raccontare l'epicentro europeo del Covid, Milano e la Lombardia, solo che mi trovavo a più di 600 chilometri di distanza, chiusa dentro casa con una bimba piccola e una madre malata. L'anno terminò quando ero incinta, di appena 4 mesi, del mio secondo figlio, e il contratto fu trasformato in indeterminato.

Non è tutto oro quel che luccica in altre realtà, certo. Non si possono ignorare le discriminazioni basate sul colore della pelle che hanno contribuito a spaccare l'America in questi anni, oppure i problemi legati alla mancata integrazione degli immigrati in Francia, o l'antieuropeismo che in Gran Bretagna ha portato alla Brexit e alimentato quella che definirei una guerra tra poveri, con la manovalanza del Sud e dell'Est Europa accusata di «rubare il lavoro» ai britannici ma che in realtà, ora che è scomparsa, non ha fatto altro che causare una carenza di manodopera nel Regno Unito. Credo, però, che in questa fase storica, mentre i problemi sociali e politici dei Paesi occidentali si assomiglino tutti, quelli che riguardano i giovani italiani sono per molti versi unici e culturalmente fuori dal tempo.

La mia esperienza e quelle dei colleghi che ho citato non sono casi unici né caratteristici di un settore specifico. Senza arrivare a citare capi di governo, come la premier finlandese Sanna Marin o l'ex cancelliere austriaco Sebastian Kurz, entrambi neanche trentacinquenni quando furono eletti, o giovani visionari come Mark Zuckerberg, Jack Dorsey e la più giovane *self-made* miliardaria al mondo, Whitney Wolfe, la fondatrice della app di incontri Bumble, nel resto d'Europa e Oltreoceano troviamo schiere di giovani in posizioni di responsabilità: dalle aziende della Silicon Valley, alle grandi corporation e banche d'affari, passando per le istituzioni internazionali e le pubbliche amministrazioni. Certo, se si considerano i vertici sono ancora pochi ad avere meno di 50 anni, ma a questi livelli è plausibile che venga richiesta più esperienza per ricoprire certe cariche.

Dare ai giovani una possibilità, metterli alla prova sul campo, non significa che questi debbano automaticamente saltare le tappe e arrivare subito al vertice. Significa, semplicemente, non discriminarli in quanto giovani.

Il rientro dei cervelli tra frustrazione e incentivi (fiscali)

Prima dello scoppio della pandemia un mio amico, che aveva fatto carriera in un'importante azienda a Londra, fu mandato a dirigere l'ufficio italiano. In preparazione della Brexit avevano deciso, come molte altri, di trasferire una parte dei dipendenti negli uffici locali, dando, quindi, agli europei la possibilità di tornare a casa. Il mio amico fu fortunato perché in quella divisione non c'erano altri italiani con la stessa anzianità e la scelta cadde, inevitabilmente, su di lui: un trentacinquenne stimato e preparato, un grande lavoratore che, in 10 anni, aveva fatto carriera all'interno dell'azienda aumentando il volume d'affari e gestendo in prima persona i clienti. Mi raccontò che al suo primo incontro con un potenziale nuovo cliente italiano, una grande azienda, il direttore lo accolse chiedendogli dove fosse il suo capo. Un aneddoto simile, ma risalente a 20 anni fa, è stato raccontato, recentemente, in un'intervista da Pietro Labriola, neoamministratore delegato di Telecom Italia.

Un paio di anni fa, durante un pranzo di lavoro a cui partecipava anche un giovane e influente uomo d'affari asiatico, il maître chiese, scherzosamente, a un giornalista, molto più vecchio e importante di me, se avesse invitato a tavola il suo autista. Non ci trovai nulla di divertente, risposi a tono e quello, impenitente, ipotizzò che io dovessi essere la stagista permalosa.

Scontrarsi con questo tipo di mentalità, che al di là dei singoli episodi mostra un atteggiamento purtroppo assai diffuso in Italia, è estremamente frustrante per chi rientra, ma nella mia esperienza si limita a diventare una battuta da raccontare agli amici. Non che ci sia granché da ridere.

Nonostante tutto questo, sono tanti gli italiani che dopo un periodo di studio, lavoro o ricerca all'estero hanno voglia di tornare a casa. Le agevolazioni fiscali per chi riporta la residenza in Italia per motivi di lavoro sono un incentivo importante. Lo sconto sull'imponibile è stato introdotto per la prima volta dal governo Renzi, confermato da tutti i governi successivi e reso ancor più attrattivo dal governo Conte bis. A partire dal 2020 i lavoratori che rientrano in Italia per motivi di lavoro per 5 anni pagheranno le tasse soltanto sul 30% dell'imponibile, il restante sarà percepito lordo. Lo sconto sale al 90% per coloro che trasferiscono la residenza nelle regioni del Mezzogiorno. Il periodo si allunga a 10 anni se si acquista un immobile o se si hanno 3 o più figli.

Non è mai stato interesse di alcun governo pubblicizzare eccessivamente queste misure. Ogni volta che ho tentato di intervistare politici e decisori per approfondire queste previsioni – che sono nel loro genere le più attrattive in Europa – si sono rifiutati di parlarne pubblicamente. Sono incentivi che stonano con la narrazione populista di questi anni e sono, comprensibilmente, impopolari tra quei giovani che a differenza mia e di tanti altri non hanno mai lasciato l'Italia, e per i quali non è previsto alcun premio o incentivo fiscale per essere rimasti e aver fatto carriera nel loro Paese.

La realtà è, però, che chi ha scelto di rientrare in parecchi casi ha potuto farlo proprio grazie a queste misure perché, per molti professionisti e ricercatori, il rientro ha comportato una significativa decurtazione dello stipendio lordo: all'estero guadagnavano di più. L'incentivo fiscale aiuta a riportare in equilibrio la bilancia dei costi del ritorno rispetto ai benefici. Non si capisce, altrimenti, per quale ragione un professionista – in qualsiasi settore – dovrebbe rientrare in Italia. «Vuoi mettere lo stile di vita? Hai il mare e la montagna a portata di mano, il buon cibo, un clima mite, la famiglia [d'origine] più vicina» mi rispose una volta un caro amico. Bello, ma non bastano.

Non compensano la perdita di guadagno né tantomeno la frustrazione, se rientri da giovane stimato e ambìto, di essere considerato, per misteriosi motivi che nulla hanno a che vedere con il tuo curriculum o con il tuo comportamento, l'ultima ruota del carro.

PROPOSTA: Estendere l'incentivo fiscale previsto per chi rientra dall'estero, a prescindere dall'età, a tutti i lavoratori sotto i 40 anni, incluse le partite Iva, che guadagnano un massimo di 70.000 euro lordi all'anno (che sono una piccola frazione degli under quaranta in Italia). Alleggerire di molto la pressione fiscale sui giovani, fino a 40 anni, cioè la categoria sociale che in Italia, in assoluto, guadagna di meno, sarebbe anche un gesto importante nei confronti di quelle generazioni che, già adesso, stanno contribuendo a finanziare le pensioni e che in prospettiva saranno chiamate a farsi carico dell'enorme debito pubblico italiano.

9
Vietato riprodursi

L'Italia è uno dei Paesi dell'Ocse con il più basso tasso di natalità. Da anni ci sentiamo ripetere che bisogna fare più bambini, ma nessuno è stato in grado di spiegarci come, senza lavoro né le necessarie infrastrutture sociali.

Per tanti giovani, la pandemia ha aggravato una situazione economica già difficile. La sociologa Federica De Lauso, curatrice con Walter Nanni di *Oltre l'ostacolo*, il Rapporto Caritas 2021 su povertà ed esclusione sociale in Italia, ha spiegato, in un'intervista a «La Repubblica», che sono sempre più numerosi i nuovi poveri tra i 18 e i 34 anni, quasi la metà alla ricerca di una prima occupazione, e oltre il 20% i precari che hanno perso il lavoro a seguito dell'emergenza sanitaria. De Lauso racconta che il 51% dei nuovi poveri è donna e che avere figli, in molti casi, contribuisce all'impoverimento «soprattutto in condizione di monogenitorialità o se non si è dotati di un'adeguata rete familiare di sostegno».

La pandemia ha anche aumentato la disoccupazione giovanile. Secondo l'Ocse «il tasso è salito ulteriormente da un livello già molto alto di 28,7%, raggiungendo il 33,8% nel gennaio 2021». Tra i giovani occupati, poi, sono una minoranza gli under 35 con un posto a tempo indeterminato e la maggior parte sono uomini.

È questa la prima condizione da cambiare per mettere le nuove generazioni nelle condizioni di crearsi una famiglia. Ma insieme a questa condizione va anche estirpata una certa mentalità.

Un esempio che lascia poco spazio all'interpretazione: sono ancora tante le giovani donne a cui viene chiesto se hanno intenzione di mettere su famiglia in sede di colloquio di lavoro. Secondo un sondaggio realizzato dalla piattaforma Freeda Media per questo libro, e basato su domande rivolte a oltre 500 donne tra i 25 e i 44 anni, di cui quasi l'80% impiegate, al 42% di loro è stato chiesto almeno una volta in sede di colloquio di lavoro se avessero intenzione di avere figli. Il 91% ha trovato la domanda fuori luogo, eppure il 72% ha risposto dicendo la verità. Inoltre, il 59% delle intervistate ha dichiarato che ha avuto o avrebbe paura di comunicare ai propri capi di essere incinte. Il timore principale è il demansionamento, il 21% teme addirittura di essere licenziata e l'11% di essere vittima di mobbing.

Secondo il codice delle Pari Opportunità questi comportamenti sarebbero vietati. Ma anche se è entrato in vigore nel 2006 sembra che fin troppi datori di lavoro lo ignorino.

Carriera contro figli...

Ho scritto buona parte di questo libro durante i 5 mesi di maternità obbligatoria prevista per i lavoratori dipendenti. Per motivi di salute sono andata in maternità al settimo mese di gravidanza, se fossi stata bene (come durante la precedente gravidanza, 4 anni prima) avrei continuato a lavorare fino all'ultimo, in modo da prendere 5 mesi dopo la nascita, ma purtroppo, per cause di forza maggiore, non è stato possibile. Lavoravo al «Financial Times» da poco più di un anno quando mi sono assentata e non c'è mai stato un momento in cui la cosa mi sia stata fatta, in qualche modo, pesare. E a posteriori, posso dire che la maternità non ha neanche avuto un impatto negativo sul mio lavoro al rientro. Anzi, mi fu fatto notare che lavoravo troppo e che, se non ci fosse stata una breaking news, avrei potuto anche non rispondere alle email dopo un certo orario.

Il fatto che avessi 2 figli molto piccoli non è mai stato un fattore dirimente o che secondo i miei capi potesse incidere negativamente sul mio lavoro.

La nostra direttrice, Roula Khalaf, è madre di un ragazzo, così come anche la caporedattrice degli esteri Anne-Sylvaine Chassany. E la maggior parte dei colleghi uomini sono padri. È capitato molte volte, nei 2 anni da quando lavoro per il giornale, che un giornalista fresco di promozione o di nuovo incarico salutasse tutti per qualche tempo, con una email in cui informava del nuovo arrivo in famiglia. Da italiana, mi stupisco ancora. Al «Financial Times» – dove è l'azienda a garantire 5 mesi di maternità alle donne e 6 settimane ai padri a prescindere dalla legislazione nazionale – è, semplicemente, una non notizia.

Lavorare in una realtà aziendale che permetta di conciliare la vita privata con quella lavorativa, sicuramente, aiuta. E in Italia non è scontato. Secondo il sondaggio di Freeda, oltre il 40% delle intervistate ritiene che mettere al mondo un figlio possa essere un limite in termini di carriera, guadagno, tempo da investire su sé stesse. Il 63% di loro pensa che avere figli sia un ostacolo alla carriera a prescindere dall'età.

Un'amica che lavorava per una famosa azienda quotata italiana (che si fa un vanto delle proprie politiche tese a incoraggiare le pari opportunità e la genitorialità) ha dovuto cambiare lavoro dopo la seconda maternità nell'arco di 3 anni perché, al rientro in ufficio, si era trovata di fatto, subdolamente, demansionata. Un'altra aveva lasciato i contatti di tutti i suoi clienti alla sua sostituta prima di assentarsi per 5 mesi e al ritorno la sostituta era diventata la sua superiore, dopo aver raggiunto i target annuali in anticipo grazie al rinnovo dei contratti conclusi con i clienti della neomamma. Tante altre donne scelgono di aspettare, di rimandare, perché temono che i loro sforzi di avanzamento professionale possano essere vanificati da un figlio, la carriera buttata in un cestino.

Il sondaggio conferma le sensazioni di difficoltà: il 35% delle intervistate ritiene che non sia possibile conciliare la carriera con i figli e il 32% sta considerando di lasciare il lavoro che ha scelto con passione per fare la madre. Un numero analogo di donne (il 33%), però, non lo farebbe mai. In ogni caso, nessuno può dire che conciliare le due cose sia semplice.

Infatti, tante altre, come la consulente politica Maria Cafagna, dicono di aver scelto «razionalmente di non aver figli, non tanto per l'impossibilità di combinare praticamente più aspetti della vita, ma per i costi legati al mantenimento dell'eventuale prole. Costi che anche per una coppia professionalmente affermata, come Cafagna e il suo compagno, sarebbero superiori ai loro guadagni. «La pressione sociale è altissima – dice Cafagna – se io apro i social vedo una narrazione della maternità che è tanto edulcorata quanto arcaica, una maternità estetizzata ed estetizzante, scendo per strada e vedo sfilare donne bellissime con figli bellissimi, vestiti bellissimi, scarpette meravigliose, e io vedo il cartellino del prezzo davanti a queste donne. Quanto costa permetterti di comprare quella scarpetta che ti permette di stare nel mondo? Guardo la mia busta paga, che peraltro non ho perché sono una partita Iva, guardo quella del mio compagno plurilaureato, e dico: questa cosa non me la posso permettere. Non solo ora, a 34 anni, ma anche in prospettiva, difficilmente riuscirò a far quadrare i conti della mia vita con un figlio se gli vogliamo dare un certo stile di vita...» Di fatto, una rinuncia obbligata da un mercato del lavoro malfunzionante.

Tutto no

Vale la pena dedicare qualche parola all'elemento culturale che condiziona le donne psicologicamente. Persino la giornalista e conduttrice televisiva Mia Ceran mi racconta che quando si è trattato di comunicare la sua gravidanza in Rai, dove conduceva *Quelli che il Calcio*, si è sentita preoccupata. «Ho avuto paura che le persone intorno a me potessero pensare che il mio lavoro mi sarebbe interessato meno, che il mio interesse sarebbe stato completamente spostato» dice. E racconta che poi, nei mesi immediatamente successivi alla nascita di suo figlio, ha sentito di dover «lottare» quotidianamente per dimostrare il contrario.

«So che sbaglio ma è costante questo mio senso di dover dare e dimostrare di più... Sottraggo ore di sonno e di altre cose pur di non lasciare indietro una email e cerco sempre di stare doppiamente attenta perché soffrirei da morire se venissi presa in castagna.»

Mentre chiacchieriamo al tavolino del bar nei Giardini Indro Montanelli di Milano, lei allatta e io con una mano muovo la carrozzina avanti e indietro per non far svegliare mio figlio prima della fine dell'intervista. Ci interroghiamo se sia giusto sentirsi costantemente in dovere di dimostrare di più rispetto agli uomini, per provare al resto del mondo che si può essere madri e in carriera senza lasciare indietro niente.

«Non so se dovrei avere un atteggiamento diverso: sono qua, vi offro tutto quello che posso, per quest'anno va così...» dice Ceran.

Mi tornano in mente le parole di Sheryl Sandberg, la top manager di Facebook, nel suo libro *Facciamoci avanti*. Scrive Sandberg: «Pensare di poter avere tutto è illusorio e ignora i principi basilari dell'economia e del buon senso... Essere genitore significa adattare la propria routine, trovare dei compromessi e fare dei sacrifici ogni giorno».

Il problema è che sono le madri a essere costantemente messe di fronte a questa sfida, aggiunge Sandberg. La domanda peggiore che si possa fare a una donna, e che raramente viene girata ai padri, scrive citando l'esperienza dell'attrice Tina Fey, è: «Come fai a fare tutto?».

O peggio, come fai a essere una buona madre, priva di sensi di colpa: penso all'astronauta dell'Esa Samantha Cristoforetti che mentre questo libro va in stampa è da poco partita per una missione di 5 mesi nello spazio lasciando i 2 figli piccoli con il loro papà tra le critiche dei benpensanti.

Quando sono tornata a lavorare, un mese dopo l'intervista a Ceran, anch'io mi sono sentita di dover dimostrare qualcosa in più. Non volevo che i miei capi o i miei colleghi, che vivono tra Londra e altre città del mondo, potessero sentirmi ancor più distante, un satellite poco rilevante nell'orbita globale del «Financial Times». Ho subito accettato di coprire anche la sede di Roma, in quel momento vacante, sapendo che avrebbe significato scrivere più articoli in un momento caldo della politica italiana, partecipare a più chiamate in videoconferenza con Londra e altri uffici di corrispondenza, lavorare con più desk e capiredattori e fare la pendolare tra Milano e Roma lasciando 2 bambini piccoli a casa.

All'inizio l'ho fatto per dovere: volevo dimostrare a tutti che in quei 5 mesi non era cambiato niente rispetto a prima, che un figlio in più e le notti in bianco non influivano sulla mia professionalità. Alla fine, però, mi sono divertita e mi sono resa conto che il mio lavoro mi era mancato, non solo durante la maternità ma in tutto il periodo della pandemia e del cosiddetto «smart» working.

Mi è piaciuto occuparmi del governo Draghi, oltre che delle banche italiane, raccontare la corsa per la successione di Mattarella. Ma anche le questioni legate al Made in Italy, le riforme e l'impiego dei fondi del Next Generation EU, la saga di Telecom Italia e quella delle Assicurazioni Generali e tanto altro.

Questo non vuol dire che fosse facile, al contrario: è stato molto difficile e a tratti frustrante. In quello stesso periodo, la babysitter che a volte si è occupata dei miei figli più e meglio dei loro genitori ha preso il Covid (in forma leggera e nonostante fosse vaccinata) e ha impiegato oltre 5 settimane a negativizzarsi. Organizzare una rete di supporto che potesse permettermi di continuare a lavorare, a ritmi serrati, senza di lei e con l'altro genitore che vive all'estero, è stato complesso e costoso. In molti casi non ho potuto evitare di dire apertamente che ero impossibilitata: a fare una trasferta anziché una call via Skype; a riguardare la bozza di un articolo all'ora del bagnetto; a partecipare a una trasmissione televisiva mentre i bimbi dormivano nell'altra stanza col rischio che potessero svegliarsi e avere bisogno di me; a presentare un libro a un orario in cui non avevo nessuno che potesse darmi una mano a casa; a mandare i capitoli di questo saggio alla mia pazientissima editor entro la scadenza che ci eravamo date; a incontrare una fonte importante troppo presto la mattina o la sera tardi. E chi fa il mio lavoro sa benissimo che essere impossibilitati non è una condizione ideale se non sei Christiane Amanpour o Oprah Winfrey (nel qual caso puoi permetterti, praticamente, qualsiasi cosa).

Ci sono state volte in cui mi sono domandata perché mi fossi ficcata in una situazione del genere in un momento tanto particolare quanto solitario. E mi sono chiesta più volte in che modo una situazione analoga potesse essere sostenibile per una donna in una condizione meno fortunata. Il mio lavoro infatti è la mia passione ed è una passione anche ben retribuita: incentivi forti a stringere i denti nei periodi difficili. Nel mio caso, avere un buon lavoro e una vita impegnata non erano state la ragione per non realizzare il mio sogno da bambina di avere 2 figli da «giovane», era stato, semmai, l'incentivo, la spinta. Ma a troppe donne succede l'opposto.

Congedi parentali...

Negli stessi giorni in cui il governo italiano inseriva nella legge di bilancio 2022 la previsione strutturale di 10 giorni di congedo parentale per i padri (prima erano solo 2), Meghan Markle, la moglie di Harry d'Inghilterra, scriveva alla speaker del congresso statunitense Nancy Pelosi e al leader della maggioranza democratica, Chuck Schumer, chiedendo il congedo parentale per tutti gli americani. «Nessuna famiglia dovrebbe essere costretta a scegliere fra guadagnarsi da vivere e prendersi cura dei propri figli» ha scritto Markle (firmandosi come duchessa di Sussex e causando un incidente diplomatico tra Londra e Washington). Il tema sull'altra sponda dell'Oceano è spinoso e, anche se molte aziende lo offrono ai dipendenti, il legislatore non lo prevede neanche per le donne.

Gli europei possono dirsi più avanti. In quegli stessi giorni io completavo il mio periodo di maternità obbligatoria. Qui in Italia, fortunatamente, il legislatore ha introdotto da tempo tutele per i genitori e abbiamo uno dei congedi di maternità, per le lavoratrici dipendenti, più favorevole in assoluto. I genitori lavoratori dipendenti, in Italia, possono usufruire di permessi retribuiti per motivi personali; di congedi (non retribuiti) per la malattia dei figli; di congedi di 6 mesi fino al dodicesimo anno d'età, retribuiti al 30%, da qualche anno fruibili anche a ore; e infine di 1 o 2 ore al giorno di permesso per l'allattamento fino al primo anno di età del bambino.

Ma allora perché le donne faticano così tanto a conciliare maternità e carriera? Una risposta sta in quella qualificazione: «dipendenti». Infatti, sono poche le giovani donne a cui viene offerto un contratto di lavoro che preveda tutte queste tutele in giovane età.

Ci sono molte donne che lavorano a partita Iva: qualcuna per scelta professionale, altre hanno un lavoro subordinato mascherato da lavoro autonomo, oppure un contratto a termine, in qualche caso un'occupazione pagata in nero. Il motivo per cui non hanno un contratto a tempo indeterminato spesso dipende dal timore, da parte del datore di lavoro, che in quell'età «pericolosa» possano decidere di avere dei figli. La maternità diventa un disincentivo per le donne perché lo è in primo luogo per il contesto in cui vivono.

Poi c'è la schiera delle «fortunate» che un lavoro sicuro, dipendente o autonomo, ce l'hanno e che vorrebbero costruire una famiglia ma che, come abbiamo visto, temono demansionamenti, addirittura licenziamenti, o il carico di fatica di dover gestire i figli con uno stipendio magari basso, pochi servizi, niente nonni a portata di mano. Se si considera tutto ciò che può andare storto, la tentazione di rimandare (magari all'infinito) può rivelarsi irresistibile. Del resto, soprattutto nei primi anni di vita dei bambini, a chi conviene passare la giornata al lavoro se per farlo si finisce per devolvere tutto il proprio stipendio a una babysitter?

In questo senso la legge sulla parità salariale da poco approvata in Italia potrebbe contribuire a cambiare le cose.

Intanto, però, concentriamoci sul primo problema in ordine di tempo: i congedi, appunto. In Norvegia i papà possono beneficiare di quasi un anno di congedo con 46 settimane pagate al 100% o 56 settimane all'80%. Si tratta di 12 settimane per la mamma, 12 per il papà e il resto da dividere fra i due. Nella vicina Svezia ogni genitore ha diritto a 12 mesi di congedo da condividere, ma sono obbligatori almeno 2 mesi a testa.

Se gli esempi scandinavi apparissero remoti, geograficamente e «culturalmente», guardiamo alla più vicina Spagna, dove dal 2021 i giorni di congedo parentale sono uguali per entrambi i genitori: mamme e papà hanno diritto a 16 settimane di congedo pagate al 100%.

In Italia, un Paese dai retaggi culturali maschilisti, 10 giorni di paternità obbligatoria non cambieranno il corso delle cose. Secondo il citato sondaggio di

Freeda, il 60% delle donne ritiene che ci dovrebbe essere una più equa ripartizione di responsabilità tra genitori. E l'82% è convinta che la paternità obbligatoria, nei Paesi dove è in vigore, aiuti a conciliare meglio lavori e figli. C'è di più: il 60% dei padri sarebbe d'accordo a usufruirne.

Alcuni, invece, sottolineano che introducendo una simile previsione le carriere negativamente impattate sarebbero due, anziché una soltanto. Probabilmente è vero. E sarà quello il momento in cui non ne impatterà più nessuna.

Andrea Scotti Calderini, co-fondatore di Freeda, sostiene che l'assenza di una legislazione analoga in Italia denota una certa resistenza al cambiamento. «Il congedo condiviso è giusto, innanzitutto per l'impostazione che si dà alla famiglia: il concetto è che a occuparsi del neonato non è la madre ma sono i genitori. E poi si dà la possibilità agli uomini di vivere pienamente quel momento: perché non ce ne viene dato il diritto?» A un livello più generale, aggiunge, «sarebbe un buon modo per rompere quello stereotipo culturale per cui è la donna che deve occuparsi delle questioni di casa».

Da imprenditore crede, però, che sia lo Stato a dover intervenire: non si può lasciare alle aziende il timone di una riforma di questa portata sociale. «Si produrrebbero risultati a macchia di leopardo mentre lo Stato è uno e tutela tutti» osserva. Non tutte le imprese infatti sono ugualmente virtuose in materia di diritti delle lavoratrici e non tutte sono ugualmente solide: alcune possono essere restie per oggettive difficoltà a farsi carico dei costi e dell'impatto organizzativo di lungo termine. Difficoltà che, però, devono essere superate, perché la soluzione al problema non può gravare sulle spalle dei lavoratori o delle singole aziende.

L'amministratore delegato di Freeda è un giovane moderno e illuminato, non a caso ha fondato una piattaforma che si occupa di inclusività e di uguaglianza di genere, ma sostiene di non essere una mosca bianca. «È cambiata la predisposizione dell'uomo a occuparsi di più del nucleo familiare rispetto a una volta, perché è cambiato nel tempo il ruolo delle donne, che hanno ambizioni di carriera e lavorano. Facciamo figli dopo i 30 anni, quindi, tendenzialmente, i due membri della coppia hanno un periodo di realizzazione personale più lungo rispetto a prima e quando diventano genitori sono più pronti alla condivisione delle responsabilità» prosegue Scotti Calderini. Sono cambiati anche i modelli. «Mark Zuckerberg ha preso 4 mesi di paternità, Ursula von der Leyen ha 7 figli.» Gli esempi da seguire, le grandi figure a cui aspirare combinano efficienza professionale e genitoriale, il «padre che non cambia pannolini» è sempre meno un modello sociale accettabile.

Tendo a concordare con lui, la mia esperienza genitoriale è stata così, gli faccio notare che questi modelli sono, però, persone abbienti, e che mediamente i giovani italiani guadagnano troppo poco per potersi permettere di rischiare il posto di lavoro per fare figli, come dimostra il sondaggio condotto proprio da Freeda. «L'Italia, come altri Paesi europei, offre costi della vita molto diversi a seconda della zona... Nel raggio di pochi chilometri da Milano, ci sono piccoli centri dove la vita è radicalmente meno cara, e in questo il lavoro remoto offre ai giovani la possibilità di vivere fuori dai grandi centri mantenendo il posto di lavoro altrove» risponde. Una visione ottimistica, a parer mio, ma lui ne è convinto. «Credo che rispetto a 30 anni fa il digitale abbia aperto il mondo, accorciato le distanze, le persone viaggiano e si muovono molto più di prima. Ci sono tante persone che si impegnano, fanno più lavori insieme, altre che li inventano: gli stipendi sono più bassi, è vero, ma in una coppia si lavora in due; quindi, gli introiti finiscono per essere superiori rispetto a una volta.» Per questo, secondo lui, le piazze non si riempiono di giovani che protestano contro il diritto negato alla genitorialità, oltre che al lavoro: «Non posso pensare che non protestino per rassegnazione. È perché si stanno trovando delle soluzioni alternative».

Certo, per quanto si possa essere ottimisti, anche lui ammette che persistono dei limiti culturali. «Ho avuto più di una collega che ha avuto paura di annunciare la sua gravidanza persino a me, nonostante Freeda sia una realtà che si fonda sull'inclusività e l'uguaglianza» testimonia. «La verità è che non tutte le aziende vedono la maternità come un grande momento di maturazione per la donna, un incremento delle sue responsabilità.» Più che non tutte, potremmo dire quasi nessuna. È «soltanto» un problema culturale o ci sono aspetti che riguardano l'organizzazione dell'impresa, la difficoltà di sostituire i dipendenti nei periodi del congedo, i costi a carico delle aziende? «Oltre i primi 5 mesi di maternità obbligatoria non è tanto un tema di costo ma di responsabilità, di fasi di vita aziendali, del ruolo ricoperto dalla professionista all'interno della struttura» dice Scotti Calderini. «Se parliamo di una realtà di 10 persone, di una piccola impresa, in cui magari 5 dipendenti sono donne, ipotizziamo che 2 vadano in maternità, parliamo del 20% della tua forza lavoro che si assenta nello stesso momento, questo può creare problemi organizzativi.»

È innegabile che un tessuto industriale costruito sulle piccole e medie imprese debba fare i conti con considerazioni pratiche, come quella citata da Scotti Calderini, e proprio per questo del tema dei diritti da garantire e dei modelli culturali positivi da favorire si deve occupare la politica.

PROPOSTA: Si introducano 2 o 3 mesi di paternità obbligatoria con l'intero costo a carico dello Stato e almeno per le aziende più piccole si preveda anche la maternità interamente a carico dello Stato, in modo che cada la ragione principale della discriminazione lavorativa verso le donne in età riproduttiva.

Lavoro efficiente

Un anno fa, un accademico statunitense di nome Anthony Klotz avvertiva in un'intervista pubblicata da Bloomberg che era in arrivo «The Great Resignation». Coniò così un termine con una forte assonanza con The Great Recession, per indicare che era in arrivo non una recessione economica, bensì una grande ondata di dimissioni negli Stati Uniti. All'epoca le sue affermazioni non erano supportate dai dati ufficiali, ma pochi mesi dopo arrivarono anche quelli a conferma della sua tesi: 4 milioni di americani, quasi il 3% di tutti i lavoratori, avevano lasciato volontariamente il posto di lavoro ad aprile 2021 e la tendenza è continuata nei mesi successivi.

Qualche mese fa, in un'intervista rilasciata a Pilita Clark sul «Financial Times», Klotz prova a spiegarne le cause che in parte sono da ricercare nelle dimissioni precedentemente rimandate, ma soprattutto nel nuovo senso che molti lavoratori hanno dato alla vita dopo essere stati messi di fronte alla morte durante i momenti bui della pandemia; all'aumento di esperienze di *burn out*, o esaurimento nervoso, e la libertà sperimentata durante il periodo del lavoro da casa.

Il quarantaduenne professore di management e studioso delle tendenze associate alle dimissioni volontarie racconta al «Financial Times»: «Quello che sentivo ripetutamente era che prima della pandemia "tutta la mia vita ruotava intorno al lavoro", mentre ora mi dicono: la pandemia deve ruotare intorno alla mia vita».

In Italia si è osservata una tendenza simile a partire dallo scorso autunno. Ciò che non ti aspetti in una nazione con un mercato del lavoro sclerotizzato e con dei tassi di disoccupazione altissimi. Eppure...

Secondo uno studio pubblicato dal sito di analisi economica «Lavoce.info», lo studio dei dati non supporta né la tesi che si tratti di dimissioni rimandate durante l'anno peggiore della pandemia, né quella che i lavoratori si dimettono principalmente da impieghi che non gli assicurano la possibilità di lavorare da remoto.

«Fenomeni complessi e multidimensionali abbisognano di un ventaglio di spiegazioni, più che di una singola, e probabilmente sia le dimissioni rimandate, sia le dimissioni da paura del Covid che quelle da lavoro in remoto, rappresentano parte della motivazione di alcuni lavoratori» scrive Francesco Armillei.

Per quanto non esistano ancora dati certi, vale la pena soffermarsi sul modo in cui la pandemia ha cambiato, irreversibilmente, il modo di lavorare e la mentalità di chi lavora, in moltissimi settori.

Prima, per andare a trovare un cliente, si prendeva un treno o un aereo e si restava fuori casa per giorni, le riunioni si svolgevano soltanto in presenza, per alcuni era impensabile rincasare prima delle otto di sera, molti erano abituati a fare tre pasti fuori casa, e in tanti vedevano i figli soltanto nel fine settimana. Oggi tutto questo è cambiato. E può diventare un'opportunità per i lavoratori, ma anche per lo Stato. È la tendenza a cui faceva riferimento il co-fondatore di Freeda.

Potenzialmente, può essere dirompente, ma anche qui è richiesto un cambio di mentalità. Sappiamo tutti che il datore di lavoro italiano per eccellenza, inclusa la pubblica amministrazione, vuole i lavoratori in ufficio. Sappiamo anche che spesso l'obbligo di presenza sostituisce quello di risultato. Non è infrequente che questo porti a dispersione di tempo ed energia: lo stereotipo italiano della pausa pranzo che dura 2 ore mentre nel Nord Europa mangiano un panino davanti al computer, sarà pure uno stereotipo, ma so per esperienza che non è poi così lontano dalla realtà e intanto, in quelle stesse nazioni, dopo le 17 in ufficio non trovi più neanche i manager perché tornano a casa per occuparsi della famiglia o per dedicarsi ai propri interessi. Mi sembra, a conti fatti, un equilibrio tra lavoro e vita privata più sano.

Volgendo ancora per un momento lo sguardo in Europa, in alcune nazioni lo Stato ha deciso di offrire un sussidio (di qualche migliaio di euro, non cifre astronomiche) ai lavoratori che vogliono lasciare le grandi città per trasferirsi nelle zone rurali grazie alla possibilità di lavorare da remoto.

In Portogallo, per esempio, sono circa 3000 i giovani lavoratori che hanno aderito al programma promosso dal governo che prevede fino a 4800 euro di contributo che in molte zone rurali del Paese copre un anno di affitto. Continuano a lavorare presso le stesse aziende di Lisbona o di Porto ma vanno in città giusto un paio di volte al mese, per quei pochi giorni di presenza che sono loro richiesti.

Immaginiamo una simile misura in Italia: giovani lavoratori che possono restare a vivere al Sud o nelle Isole pur lavorando per un'azienda del Nord o del Centro; giovani che dalle grandi città possono tornare a vivere in provincia, magari vicino alle famiglie d'origine, oppure in uno dei tanti centri medi o piccoli di cui l'Italia è piena e che si sono andati gradualmente svuotando nel corso di questi ultimi decenni, complici la crisi economica e la concentrazione delle attività lavorative vicino alle grandi città. Per le aziende significa risparmiare spazi, spese, infrastrutture; e per i lavoratori significa poter abbassare i costi fissi a fronte di uno stipendio invariato, migliorare la qualità della vita, avere maggiori possibilità di conciliare il lavoro con i figli.

La digitalizzazione del Paese e il miglioramento delle infrastrutture previsti dal piano europeo – in particolare strade e ferrovie più moderne, e funzionanti che non ci faranno più impiegare 11 ore da Lamezia Terme a Milano – potrebbero agevolare una visione di questo tipo che contribuirebbe ad abbassare la disoccupazione in alcune aree dell'Italia, aumenterebbe la natalità e ripopolerebbe borghi e piccoli centri ormai abbandonati.

PROPOSTA: Come in Portogallo, si offra un sussidio di qualche migliaio di euro ai lavoratori fino a 40 anni che vogliono lasciare le grandi città per trasferirsi in centri fino a 50.000 abitanti. Si introduca anche una legge sul lavoro flessibile per la pubblica amministrazione e per tutti quei ruoli e quei settori in cui la soluzione è effettivamente praticabile (ovviamente non parlo delle professioni sanitarie, o di chi svolge funzioni fisiche e manuali all'interno di un'azienda) che obblighi i lavoratori a un dato risultato più che a una presenza in ufficio.

Tali misure permetterebbero ai giovani, ma anche ai meno giovani (cioè ai genitori dei ragazzi), a prescindere dal luogo di residenza, di cercare lavoro in tutt'Italia e di abbassare i propri costi fissi senza rinunciare a uno stipendio «da grande città». E chissà che nel tempo questo non porti anche a un livellamento degli stupendi tra Nord e Sud, centro e provincia.

Lo Stato e le aziende...

Lo scorso ottobre, a Milano, in occasione del Women's Forum, il ministro dell'Economia, Daniele Franco, ha detto che «c'è ancora del lavoro da fare ma l'uguaglianza di genere è in cima all'agenda politica del governo e il Pnrr segna un importante passo avanti [...] Il piano contiene un approccio trasversale alla parità di genere e riesce a incoraggiare e sostenere la partecipazione femminile al mercato del lavoro sia direttamente che indirettamente, e a correggere asimmetrie che rappresentano ostacoli alla parità».

Durante i 3 giorni di dibattiti, aziende e istituzioni hanno sottoscritto una *call to action*, letteralmente una chiamata all'azione, rivolta ai leader del G20 in cui si chiedono, tra le altre cose, il raggiungimento della parità di genere a tutti i livelli di governance pubblica e privata, e l'allocazione di una somma equivalente al 3% della nuova aliquota minima globale del 15% per le aziende da investire per raggiungere un equilibrio di genere nello studio delle materie Stem.

Nella sessione che moderavo (dal titolo piuttosto evocativo: *Come aggiustare il tubo che perde?*) alcuni rappresentanti di grandi multinazionali hanno raccontato le loro buone prassi e hanno lanciato proposte concrete per promuovere la parità di genere nel mondo delle imprese.

Denis Terrien, amministratore delegato per il Sud Europa di Salesforce – colosso californiano di software e cloud computing – ha insistito, per esempio, sulla responsabilità dei vertici aziendali: «Solo attraverso azioni concrete si può migliorare la situazione attuale» ha dichiarato, aggiungendo di avere un «pregiudizio» a favore delle donne in sede di promozione e assunzione. Matthew Layton, per 8 anni managing partner di Clifford Chance, studio legale britannico con sedi in 31 città del mondo e 3500 collaboratori, ha detto che quella per la parità di genere è una «campagna costante», che nel settore dei servizi la traiettoria di carriera è piuttosto lineare e il problema non è tanto assumere giovani donne quanto assicurarsi che non lascino il lavoro man mano che la loro carriera progredisce e che si manifestano le difficoltà di conciliarla con la vita privata. Ha ammesso che «spetta ai leader fare rumore, intraprendere azioni concrete, in fondo parliamo di un cambiamento sociale... ci stiamo lavorando ma non ci siamo ancora arrivati».

Prima del dibattito pubblico, nella stanza dietro al palco riservata ai relatori, assieme a Monica Possa, capo delle risorse umane del gruppo Generali (conta 72.000 dipendenti in tutto il mondo) avevo smorzato l'ottimismo di Terrien secondo il quale le aziende possono sopperire alla mancanza di azioni concrete da parte del legislatore e di un welfare adeguato, facendosi carico di implementare la parità di genere. Possa aveva riconosciuto che la pressione degli azionisti e degli altri stakeholder, nel caso delle aziende quotate, può influire sul management «costringendolo» in qualche modo ad affrontare le questioni pratiche legate alla lotta alle discriminazioni: favorire le carriere femminili, i congedi parentali condivisi, la parità salariale. Ma in molte nazioni, inclusa l'Italia, il tessuto industriale è perlopiù composto da aziende medio-piccole, spesso a conduzione familiare, dove non esistono azionisti o gruppi di pressione in grado di pretendere un cambiamento. Al contrario delle grandi aziende, queste realtà non hanno l'obbligo di dichiarare se e quanto perseguono la parità di genere. E a un'azienda italiana con più di 3 addetti, ma meno di 15 (ed è il caso del 20% delle aziende del Paese) non conviene affatto offrire un congedo parentale di qualche mese anche agli uomini. Né optare, a parità di competenze, per una giovane donna che potrebbe di lì a breve assentarsi per mesi se non anni, tra maternità obbligatoria, facoltativa, allattamento e permessi.

E, poi, siamo proprio sicuri che nelle grandi aziende italiane la situazione sia molto diversa e la parità di genere e la genitorialità non facciano parte, come l'ambiente, la sostenibilità e la *diversity*, di una strategia più ampia di comunicazione e marketing più che del vissuto quotidiano? Mi vengono in mente tantissime aziende, non solo italiane, che alla fine della pandemia si sono preoccupate di raccontare a tutti i dipendenti, attraverso email e videoconferenze di gruppo, le nuove politiche di lavoro flessibile sulla scia dell'esperienza maturata durante il lockdown, salvo poi lasciare ai capireparto il compito di spiegare, con molta discrezione, che il management preferiva vedere le persone in ufficio o che i papà potevano restare a casa con i bambini per seguire la didattica a distanza solo se la madre era impossibilitata perché malata. Ci sono poi i racconti del rientro dalla maternità di varie amiche che si sono ritrovate, di fatto, demansionate. Una storia non più tragica di altre, ma che dà la misura dello squallore di certi luoghi comuni, è quella di una donna, rientrata in azienda dopo la seconda maternità obbligatoria nell'arco di 3 anni, a cui a Natale venne regalato un televisore «da mettere in camera da letto per tenersi occupata con i telefilm» dal capo delle risorse umane. Ce ne sarebbero tante da raccontare, moltissime sono state raccontate. Purtroppo, tendono, perlopiù, a strappare una risata che non a ingenerare seria preoccupazione circa il tessuto culturale in cui ancora viviamo. La stessa Possa, laurea in economia internazionale alla Bocconi e master in business administration all'Insead di Fontainebleau, racconta che, per quanto abbia sempre lavorato in grandi aziende, come madre lavoratrice si è sempre sentita in dovere di dimostrare qualcosa in più dei colleghi uomini.

Terrien sostiene che dando una possibilità alle giovani donne, senza metterle di fronte alla scelta tra carriera e famiglia, le si responsabilizza, le si motiva infinitamente di più e ne beneficia anche l'azienda. Nel mio caso, e in quello di tante colleghe che lavorano all'estero, è stato sicuramente così: penso a Clarissa Ward che ha preso il posto di Christiane Amanpour come Chief International Correspondent della Cnn tra una maternità e l'altra, e alla mia ex collega Kate Day, divenuta vicedirettrice di «POLITICO Europe» al rientro dalla seconda maternità. Ci sono anche Francine Lacqua, italiana a capo della redazione televisiva di Bloomberg TV a Londra, e Alessandra Migliaccio, capo della sede di Bloomberg a Roma che di figli ne ha avuti 3. Cito quelle che conosco ma ce ne sono molte altre. Io stessa, nel mio piccolo, ebbi l'opportunità di andare a Roma, da Londra, a raccontare il governo gialloverde nel 2018, grazie alla lungimiranza di Stephen Brown, il direttore di «POLITICO Europe» scomparso prematuramente nel 2021.

Brown era un appassionato di politica e un ex corrispondente della Reuters, che aveva lavorato anche a Roma e capiva l'importanza di avere un corrispondente sul campo in un momento tanto delicato, per i rapporti tra l'Italia e l'Unione Europea, come l'avvio dell'esperienza del primo governo Conte. Cominciammo a parlare del mio possibile trasferimento appena tornata dalla maternità subito dopo le elezioni del 4 marzo, partii da sola con mia figlia poco dopo il suo primo compleanno. Quando, dopo un anno, chiesi a Brown cosa l'avesse spinto a darmi fiducia vista la mia giovane età e una figlia piccola, mi rispose che le donne con figli hanno meno tempo da perdere rispetto a tutti gli altri e quindi lavorano meglio.

Al «Ft», come anche a «POLITICO Europe», gli uomini possono prendersi 6 settimane di paternità pienamente retribuita – la legge britannica prevede 2 settimane obbligatorie per i padri – e la prendono tutti. Salesforce prevede, addirittura, congedi di 3 mesi per i padri. Una scelta, quella di offrire un periodo più o meno lungo di congedo parentale retribuito anche ai padri, che, recentemente, stanno attuando anche vari gruppi bancari, da Bank of America a UniCredit.

Possa, però, concorda con me che in molti casi, se anche la paternità fosse offerta dalle aziende a condizioni uguali o simili alla maternità obbligatoria, la prenderebbero in pochi per paura degli effetti negativi sulla propria carriera. Anche il timore di compromettere la carriera degli uomini con l'arrivo di un figlio è reale. Secondo il sondaggio realizzato da Freeda, il 58% delle coppie ha scelto di non rischiare di compromettere la carriera più redditizia o lo stipendio più alto al momento di avere figli, e il passo indietro, per conciliare la scelta di diventare genitori con il lavoro e le necessità economiche della famiglia, è stato fatto da chi guadagnava di meno. Che quasi sempre è la donna.

Per tutte queste ragioni non credo che in Italia questa rivoluzione possa prescindere dall'intervento del legislatore.

Al Women's Forum, per esempio, Monica Possa ha lanciato la proposta di inserire le quote di genere anche all'interno del management delle aziende, non soltanto nei consigli d'amministrazione. Si tratta di una misura controversa che non piace del tutto nemmeno a lei, ma necessaria. Le quote nei consigli d'amministrazione hanno prodotto effetti virtuosi aumentando in maniera significativa la presenza delle donne (qualitativa oltre che quantitativa). Li produrrebbero anche all'interno dei management (considerando che, attualmente, solo il 2% di tutti gli amministratori delegati in Italia è donna), e a cascata su tutto l'organico e sulla cultura aziendale.

PROPOSTA: Si estenda lo sgravio contributivo del 100% per 18 mesi, previsto dalla legge di bilancio 2021 per alcune lavoratrici, a tutte le donne che ottengono una promozione entro 6 mesi dal rientro in azienda dopo la maternità. Le madri sarebbero così più motivate e l'azienda avrebbe un incentivo a valorizzare la lavoratrice al rientro dalla maternità.

Cosa c'è nel Recovery Fund in termini di infrastrutture familiari e supporto alle donne?

I fondi del Pnrr dovevano essere usati per risolvere le difficoltà strutturali dell'Italia, dice l'economista Azzurra Rinaldi, a capo della School of Gender Economics dell'Università La Sapienza di Roma. «Si doveva puntare sulle donne o sui giovani, perché lo Stato, con loro, va in perdita. Investe nella loro formazione, facendoli studiare, ma poi loro se ne vanno all'estero, oppure escono dalla forza lavoro perché non li si mette nelle condizioni di poter produrre reddito.»

Alessandra Casarico, professoressa di scienza delle finanze alla Bocconi, ha spiegato che per gli asili nido, il principale intervento dello Stato per favorire l'occupazione femminile, nel Pnrr c'è «meno di quanto strettamente necessario per raggiungere l'obiettivo europeo di offrire un posto almeno al 33% dei bambini».

Certo, da un lato le clausole di condizionalità previste per l'allocazione dei fondi del Pnrr obbligheranno le imprese che li riceveranno ad assumere donne e giovani, dall'altro lato gli investimenti nella sanità di prossimità e nell'assistenza domiciliare favoriranno le donne, che molto spesso sono quelle che si fanno carico dei malati e degli anziani delle proprie famiglie. Rinaldi sottolinea, però, che i parametri quantitativi, temporali e per definire i criteri della certificazione della parità di genere non sono ancora stati decisi. «Arriveranno i fondi, le aziende li riceveranno e i paletti non saranno ancora stati discussi» pronostica.

Rinaldi, che ha 3 figlie e un lavoro a tempo pieno, ricorda un dato diffuso dalla Banca d'Italia: se il 60% delle donne italiane fosse messa in condizione di essere occupata il prodotto interno lordo crescerebbe di 7,5 punti percentuali in un anno.

Si stima che gli interventi legati al Pnrr, nei prossimi 4 anni, aumenteranno l'occupazione femminile di circa 3 punti percentuali e quella giovanile del 3,3%. Numeri troppo bassi considerando l'attuale divario occupazionale col resto d'Europa e senza dimenticare che si tratta del piano europeo per le prossime generazioni su cui graverà il debito. Anche la Spagna, che di fondi ne riceverà molti meno, e solo la quota di sussidi, farà meglio di noi: ai giovani verrà destinato il 12% del totale delle risorse.

Rinaldi concorda, con pragmatismo, che d'altra parte sembra ingenuo stupirsi. Perché mai uomini di una certa età che gestiscono le risorse dovrebbero lasciare campo libero ai giovani e alle donne? «Non c'è mai stato nella storia un gruppo che deteneva il potere e l'ha ceduto volontariamente ad altri» chiosa Rinaldi, però aggiunge: «Ma è un momento interessante, è il momento di fare rumore».

PROPOSTA: Fincantieri, società triestina controllata dallo Stato, ha annunciato a gennaio la creazione di asili nido presso i propri stabilimenti aperti ai propri dipendenti e a quelli dell'indotto. Anche UniCredit ha aperto un asilo, riservato ai propri dipendenti, all'interno delle torri di piazza Gae Aulenti a Milano. Strutture simili esistono anche all'interno di alcuni ospedali e di sedi di enti pubblici, tipo l'Inail. Lo Stato dovrebbe lavorare con il settore privato, prevedendo incentivi fiscali o sussidi, affinché tutte le grandi aziende, a partire dalle partecipate di Stato, offrano un servizio di asilo nido, a un costo molto contenuto, ai propri dipendenti. Tale offerta si affiancherebbe a quella prevista dal Pnrr e avrebbe come effetto quello di aumentare i posti gratuiti disponibili per i bambini, avvicinandosi al target europeo e – dal momento che l'offerta professionale è ancora composta in massima parte da educatrici – almeno nel breve periodo creerebbe posti di lavoro principalmente per donne.

Conclusioni

Sono stata stagista e tirocinante, ho lavorato senza essere pagata, ho intrapreso un percorso e poi un altro, ricominciando dagli stage. Ho accumulato esperienze, titoli di studio e lingue parlate, sono andata all'estero, tre volte, e poi sono tornata. Sono stata fortunata perché ho avuto una famiglia che me l'ha permesso, ma è la storia di tanti giovani italiani, non tutti fortunati, che si fanno il mazzo, studiano, sono disposti a lavorare gratis e senza diritti, a imparare, a fare mestieri che sanno non saranno per sempre, per trovare il loro posto nel mondo e nel mercato del lavoro.

I giovani di oggi, gli ultratrentenni come me e i ventenni, non sono dei fannulloni, degli scansafatiche (una parte lo sarà sicuramente, come del resto lo era una parte dei giovani di altre generazioni, non generalizziamo per giustificare lo sfruttamento!). Ma siamo nati in un'epoca in cui, complice la crisi che ha colpito anche le imprese, l'ottenimento di un lavoro sicuro e dignitoso è diventato l'obiettivo finale, non è più il punto di partenza.

Allora perché non fare del lavoro la nostra battaglia identitaria? Del resto, secondo la Costituzione, l'Italia è una repubblica fondata sul lavoro. E allora rivendichiamo il diritto ad avere, tutti, la possibilità di lavorare e, così, di poterci creare le condizioni materiali e mentali per contribuire alla vita economica, politica e sociale del Paese. Rivendichiamo il diritto di scegliere, non rassegniamoci a essere messi nelle condizioni di rinunciare (ad avere figli, a comprare una casa, a restare nella propria città natale anche se al Sud o comunque lontana dai grandi centri economici del Paese).

Non possiamo più lasciare la narrazione di noi stessi e le scelte che ci riguardano in mano ad altri. Non crediamo alle tante promesse «a scatola chiusa», ma non dobbiamo rinunciare, a priori, a pretendere un cambiamento, un miglioramento delle condizioni economiche e sociali della nazione in cui viviamo e di cui ci sobbarcheremo il debito pubblico.

A un corso di leadership qualche anno fa, di quelli a cui i datori di lavoro anglosassoni iscrivono spesso i loro dipendenti, un coach disse che avremmo dovuto «smettere di fare affidamento sulle buone intenzioni per determinare un cambiamento».

Un consiglio che mi suonò per certi versi ovvio e, forse, banale, ma che alla fine risultò dirompente.

Tutti i cambiamenti si accompagnano a ostacoli, incontrano resistenze – fisiche, mentali e culturali – e, spesso, finiscono per essere più complicati da portare a termine di quanto ci si sarebbe aspettati. Cambiare richiede sforzo, sacrificio e determinazione. Alcuni tentativi vanno a vuoto, altri sono dolorosi, qualcuno fa paura. Per me è stato così in tutti i passaggi importanti della mia vita personale e lavorativa. E mi aspetto ancora tanta strada in salita.

Il cambiamento di una società, e in una società, non è dissimile. È difficile e faticoso. Alcune situazioni consolidate e incancrenite – come, per esempio, la dura realtà delle periferie che ho raccontato in piccola parte e che esistono da Nord a Sud – sono estremamente complicate da cambiare e non pretendo di avere soluzioni pronte all'uso in tasca. Non le ha neanche chi in quell'ambiente è cresciuto, come racconta senza giri di parole Jonathan Bazzi, né tantomeno chi, come medici, insegnanti e amministratori locali, in quelle realtà lavora quotidianamente.

Ma, nelle situazioni «ordinarie» quelle che, senza voler generalizzare, riguardano la maggioranza dei giovani italiani (persone né ricche, né povere; alle prese con l'ingresso, più o meno recente, oppure sperato e futuro, nel mondo del lavoro; con i sogni, le aspirazioni, gli obiettivi e le paure della gioventù nel cassetto), il cambiamento è possibile, se lo si vuole.

È vero, non sono più gli anni del boom economico, quello in cui lo Stato aumentava il debito pubblico a dismisura e le aziende, pubbliche e private, creavano nuovi posti di lavoro. Come abbiamo visto, non c'è più alcun automatismo tra studio e lavoro, laurea e professione ed è svanito il posto fisso come base da cui partire. Ma c'è anche un benessere molto più diffuso, alcune cose, come i licei e l'università, non sono più appannaggio dei soli benestanti. Molto più banalmente, non lo sono più neanche i viaggi, i ristoranti, la possibilità di vivere secondo certi standard sociali. La società si è modernizzata.

Sono cambiati i modelli culturali.

Da un lato, l'implosione dei partiti e lo sgretolamento delle ideologie hanno contribuito a un graduale ma costante allontanamento dei giovani dalla politica. Il malessere sociale ed economico, aumentato con la crisi finanziaria dei primi anni Dieci, ha accresciuto la popolarità di movimenti antisistema, anche tra i giovani. Soprattutto tra i giovani. Si è creata l'illusione che giovani e più o meno inesperti novizi della politica potessero risolvere i problemi strutturali dell'Italia, semplicemente spazzando via ciò che era venuto prima di loro. Gli eventi di questi ultimi anni dimostrano che non è così, e all'alba di un'altra estate calda della politica italiana e internazionale i nodi restano da sciogliere.

Dall'altro lato, però, vediamo che i giovani sono molto attenti alle questioni sociali, penso, per esempio, a quelle che riguardano la parità di genere, l'inclusività, la lotta alle disuguaglianze. Il ruolo delle donne sta cambiando e, finalmente, si pongono sul tavolo questioni che riguardano il loro coinvolgimento, a tutti i livelli e in tutti gli ambiti economici e sociali. Si assiste anche a un rinnovato impegno dei giovani verso tematiche economiche e ambientali. Nascono movimenti che riescono a veicolare messaggi potenti, come quello guidato dalla diciannovenne Greta Thunberg. E questo accade grazie alla capacità della rete di amplificare i messaggi. Grazie alla rete prendono piede nuovi mezzi d'informazione che, tolte le storpiature (tipo l'uso dei social network a scopo propagandistico e per spargere *fake news*), avrebbero anche il pregio, rispetto ai vecchi canali, di rendere le notizie più accessibili ai giovanissimi.

Sono tutti presupposti sui quali poggiare una spinta al cambiamento del Paese. Ma per renderlo credibile dobbiamo crederci prima di tutto noi.

È la prima volta nella storia che le altre nazioni europee decidono di contrarre debito comune e di offrire soldi a fondo perduto per aiutare la ricostruzione post pandemica. L'Italia è la nazione che più beneficerà dei soldi del piano Next Generation EU. È un piano per le prossime generazioni, per i giovani, e se ben investiti, gli oltre 200 miliardi di euro a disposizione dell'Italia potrebbero consentirci di recuperare terreno sul campo della competitività e della produttività e ridurre quei divari geografici che caratterizzano la nazione a due velocità che tutti conosciamo.

Se vengono spesi male, invece, e non vengono accompagnati dalle riforme strutturali necessarie, come spiega bene Bernardo Mattarella, rischiano di stringere l'Italia nella morsa dell'alto debito e della bassa crescita economica uniti agli effetti indesiderati di una spesa pubblica poco prudente (e qui non parlo solo del tema dei sussidi rivolti ai cittadini, ma anche, per esempio, di quelli che vengono elargiti a imprese ormai decotte per continuare a tenerle artificiosamente in vita). Rischiamo anche di minare ulteriormente la nostra credibilità internazionale e non è una questione di poco conto per una nazione altamente indebitata e che deve attrarre investimenti stranieri per crescere.

Quest'occasione non può essere persa come accaduto tante altre volte in passato. Per arginare il rischio noi «giovani» dobbiamo interessarcene in prima persona. Dobbiamo prenderci la responsabilità di chiedere ai decisori di rispondere del loro operato, la famosa *accountability*.

Dobbiamo partecipare al confronto, monitorare l'implementazione del piano, la realizzazione delle promesse, affinché non restino soltanto lettera morta.

Saranno anni in cui potremmo assistere alla riforma della scuola e dell'università; alla creazione di nuovi percorsi di studio che apriranno sbocchi legati ai mestieri del futuro e al potenziamento di quelli già esistenti ma troppo spesso sottovalutati; potranno essere riformate e rafforzate le modalità con cui i giovani si avvicinano al mondo del lavoro, come l'alternanza scuola-lavoro e i tirocini; verrà migliorato l'orientamento universitario; verranno favorite le assunzioni di giovani under 35 e delle donne; si proverà a irrobustire il sistema di welfare, dagli asili alle strutture di cura, anche per agevolare la possibilità di portare avanti una famiglia e la carriera.

Con il piano europeo, abbinato alla presa di coscienza da parte dei decisori che, tra un'alta dispersione scolastica, la disoccupazione giovanile alle stelle, salari sempre meno competitivi, bassa natalità e cervelli in fuga, non c'è più tempo per rimandare abbiamo finalmente la possibilità di invertire la rotta.

Abbiamo la possibilità di fare rumore, senza alzare la voce. Di chiedere che la nostra voce venga ascoltata. Di far entrare tematiche complesse e decisive, come quella dei salari e del lavoro irregolare, nel dibattito pubblico, andando oltre i soliti scontri tra gruppi d'opinione e chiedendo risposte concrete, in qualità di stakeholder, o portatori d'interesse. Piccoli e grandi cambi di passo.

È ora di pretendere un cambiamento, che deve partire, necessariamente, da un cambio di mentalità: dall'abbandono di quella cultura paternalistica che ancora caratterizza l'Italia e l'italianità. Ma che passa anche da noi e dall'assunzione, da parte delle giovani generazioni, di maggiori responsabilità politiche e sociali.

Sarà pur vero che siamo «generazioni più sfortunate» rispetto a quelle dei nostri genitori in termini di ricerca di un'occupazione e della possibilità di realizzare obiettivi personali come, per esempio, comprarsi una casa o mettere su famiglia. Ma siamo anche generazioni (non una ma tre: Millennial, Gen Z e Alpha), cresciute in una società ricca e globalizzata, dove la fame – fortunatamente – l'hanno conosciuta in pochi e, di contro, si è persa anche, in molti casi, la cosiddetta «fame di arrivare», quella spinta a emergere per migliorare la propria condizione e quella dei propri figli.

Rifuggiamo, giustamente, gli stereotipi di giovani annoiati, pigri e svogliati che ci sono stati attribuiti nel corso degli anni e in modo sempre più prepotente da quando esistono sussidi pubblici come il reddito di cittadinanza. Ma non ci siamo ancora spesi abbastanza per smentirli nei fatti. Non cambieremo, certamente, il corso delle cose restandocene a casa sul divano a urlare virtualmente dietro una tastiera.

Nei vari capitoli ho avanzato delle proposte, alcune mutuate da esperienze virtuose di altre nazioni, altre basate, semplicemente, su quello che dal mio punto di vista potrebbe essere un modo per migliorare e potenziare misure e proposte politiche esistenti andando maggiormente incontro alle necessità delle giovani generazioni: orientamento, diritto allo studio o a non studiare, lavoro retribuito, casa, famiglia (se la si vuole).

Alcune sono misure costose, altre no. Non vuole essere un libro dei sogni ma un punto di partenza di un dibattito che deve portarci, tutti insieme, ad andare oltre la presa di coscienza che «non è un Paese per giovani» e che «il sistema non funziona». Le affermazioni sono vere entrambe, ma una volta che ce lo siamo detto facciamo il passo successivo e iniziamo a discutere sul da farsi: cosa si può fare per invertire la rotta?

Si tratta di operare scelte coraggiose, rischiare, rinunciare ai risultati di breve termine, quelli tanto cari ai politici, per investire, davvero, nelle future generazioni. Smettiamola di fare affidamento sulle buone intenzioni.

Cerchiamo di trasformare il Pnrr in un'occasione di dibattito e confronto. Rendiamolo «la scusa» per tornare a interessarci della cosa pubblica. Per pretendere dai decisori i dati e le informazioni che ci permetteranno di valutare l'effettiva messa a terra dei progetti descritti sulla carta, gli effetti virtuosi o meno sulla situazione occupazionale del Paese, specialmente laddove è maggiormente compromessa, sulla crescita economica, sul potenziamento delle infrastrutture fisiche e immateriali. Troviamo i meccanismi per mettere pressione su chi ha il potere di decidere, cerchiamo di impadronirci del dibattito pubblico sui giovani, anziché lasciare la narrazione in mano a esperti, politici e imprenditori che, nei fatti, vivono altre realtà e hanno a cuore altre istanze. Piacciano o meno, movimenti dirompenti come il #MeToo e il #BlackLivesMatter, sono partiti con un hashtag sui social network, inventiamocene uno anche noi: #FacciamoRumore.

Torniamo a dialogare con la classe politica, non semplicemente in vista della prossima campagna elettorale, ma per creare le condizioni di consenso e convivenza politica senza le quali, come abbiamo visto in tutte le ultime esperienze di governo, anche in presenza di leadership forti, non si può riformare il Paese.

Incontreremo resistenze al cambiamento; continuerà la fuga dei cervelli che Tito Boeri descrive nel primo capitolo come una forma di protesta e io racconto come esperienza personale; ci saranno realtà e persone che non riusciremo a cambiare; alcuni rimarranno convinti di essere stati dei giovani migliori di quelli di oggi; non elimineremo l'astensionismo o l'antipolitica. Ma la rotta di un Paese in declino possiamo invertirla assumendoci ciascuno, giovani cittadini e decisori, le nostre responsabilità.

Questa è l'età del cambiamento.

Ringraziamenti

Il primo, doveroso, ringraziamento va alla mia editor Michela Gallio che, anche quando le bozze dei capitoli non arrivavano, non si è mai persa d'animo, ha tirato dritto verso l'obiettivo che ci eravamo date e ha motivato anche me. Grazie infinite a tutta la redazione di Solferino per il lavoro prezioso e a Marco Miana, Chiara Melloni e Marta Insardi, angeli custodi.

Grazie anche a mio padre, per tutti i consigli, non solo legati a questo libro e inclusi quelli che non ho seguito.

Indispensabili in quest'occasione: Ylenia, la migliore multitasker che conosca; Claudio, sempre ricco di spunti e suggerimenti; Giovanni, che non si tira mai indietro; Mario, che mi ha dato ottimi suggerimenti in zona Cesarini.

Sempre grata a Daniela, Federico, Anja, Manrico, Filippo e Lorenzo.

E infine, alla mia famiglia e ai miei amici, grazie per tutti i caffè, gli aperitivi e le cene trasformate in discussioni sulla nostra generazione, le sue croci, i nostri crucci.

Indice

GRAFICA VENETA
CARBON NEUTRAL

Questo libro è stampato fabbricato da Grafica Veneta S.p.A.
con un processo di stampa e rilegatura certificato 100% carbon neutral
in accordo con PAS 2060 BSI

Finito di stampare nel mese di maggio 2022
per conto di RCS MediaGroup S.p.A.
da Grafica Veneta S.p.A., via Malcanton 2, Trebaseleghe (PD)
Printed in Italy